「金融緩和時代」の終焉、世界経済の大転換

統合から分断へと向かう世界を読む

榊原英資

詩想社
— 新書 —

［はじめに］

いま、大きな転換局面に入った世界

世界は、いま、二重の意味で大きな転換期を迎えている。まず、中長期的には「リオリエント」現象。世界経済の中心は再び「オリエント」、つまりアジアに戻ってきているというのだ。一九世紀の初めまで、世界経済の中心はアジアだった。イギリスの経済史の専門家、アンガス・マディソンの推計によると、一八二〇年の世界のGDPの二八・七％を占めていたのは中国、インドは一六・〇％で第二位だった。実に両国で四四・七％、ほぼ世界のGDPの半分を占めていたのだ。時代をさらに遡ると、両国のシェアはさらに増加し、一五、六世紀前後には世界のGDPの七〇％程度を占めていたと推測されている。

中国とインドが没落したのは一九世紀半ばから。強力な軍隊を有していた欧米の植民地にされてしまったからだ。一八四〇～四二年のアヘン戦争によって香港はイギリスに割譲され（一八四二年南京条約）、さらに一八五六～六〇年にかけてのアロー戦争（清とイギリス・フランス連合軍の間の戦争）後の北京条約で、天津の開港と九竜半島南部九竜司地方がイギリスに割譲されたのだった。

他方、インドのムガール帝国は一八五七年セポイの反乱によって滅亡。一八七七年にはインドはイギリスの植民地にされてしまったのである。アジアで欧米の植民地にならなかったのはタイと日本の二ヵ国のみ。しかも、タイは王制は維持したものの事実上イギリスの支配下にあったのだ。こうした状況で、日本が「アジア解放の夢」を大義として欧米と戦ったのも、それはそれなりに理由のあったことだといえるのではないだろうか。

第二次世界大戦後、アジアの国々は次々と独立し（一九四七年インド、一九四九年インドネシア、一九五七年マレーシア、一九六五年シンガポール等）、高い成長率を達成したのだった。まず高成長を遂げたのは日本（一九五六～七三年で年平均九・一%）だったが、これに香港、台湾、韓国、シンガポールが続き、一九八〇～九〇年には中国とインドが高成長プロセスに入ったのだった。一九七九〜二〇〇八年の三〇年間、世界の経済成長率のトップテンはすべてアジアの国だったのだ（トップは中国の九・八％、これにシンガポール七・〇％、ベトナム六・六％等が続いたのだった。インドはナンバーテンの五・八％）。まさに、「リオリエント」現象が起こったのだ。そして、この状況はいまでも続いており、二〇五〇年には世界のＧＤＰのトップは中国（五八・五兆ＵＳドル）。これにインド、アメリカ、インドネシアが続く（日本はナンバーエイト）。

短期的には世界経済の金融緩和レジームは終焉し、先進国の多くは金融引締めの局面に入っている。アメリカは二〇一五年から金利引上げ状況に入り、二〇一八年には四回の利上げを実現している。欧州中央銀行も二〇一八年一二月に量的緩和を終了し、二〇一九年末には利上げに踏み切る可能性が高い。日本銀行はまだ金融緩和を続けているものの、「出口」を模索している段階だといわれている。世界的な金融緩和レジームから金融引締めへの転換は世界経済に大きなインパクトをもたらす可能性がある。この意味でも世界は大きな転換局面を迎えているのだ。

「金融緩和時代」の終焉、世界経済の大転換◎目次

第三章

加速するリオリエント現象　45

第五章　グローバリゼーションの光と影　93

第八章　成熟国家・日本がもつ本当の可能性　157

オビ・カバー写真／ヒロタノリト
校正／萩原企画

第一章

リーマン・ショックを契機に世界を席巻した「金融緩和時代」

リーマン・ショックから始まった金融緩和時代

⦿アメリカの金融緩和がもたらした日本経済への打撃

二〇〇八年九月一五日、アメリカの投資銀行であるリーマン・ブラザーズ・ホールディングス（Lehman Brothers Holdings Inc.）が経営破綻したことに端を発し、連鎖的に世界的金融危機が発生した。発端はいわゆるサブプライムローン問題。アメリカの低所得者向けの住宅ローンの回収が滞り、二〇〇七年四月にはニューセンチュリー・ファイナンシャルが破綻、二〇〇七年七月には投資会社ベア・スターンズが実質的に倒れ、八月にはＢＮＰパリバの傘下のミューチュアル・ファンドが投資家からの解約凍結を発表、欧米株は急落し、ドル安、円高が進んだのだった。

この状況を受け、NYダウ平均は一万三〇〇〇USドルから七〇〇〇USドルまで五〇％近く暴落し、日経平均も一万三〇〇〇円前後から七〇〇〇～八〇〇〇円まで急落したのだった。為替相場は一ドル一〇五円から九〇円へ、最終的には七六円と歴史的な円高になった。

こうした状況を受け、アメリカのジョージ・W・ブッシュ大統領は七〇〇〇億USドルの金融支援をするための法案（Troubled Asset Relief Program）に署名、アメリカの中央銀行であるFRBは極めて積極的な金融緩和に踏み切ったのだった。二〇〇九年には第一次量的緩和（QE1）、二〇一〇年には第二次量的緩和（QE2）、二〇一二年には第三次量的緩和（QE3）を実施。二〇一〇年一一月から二〇一一年六月までの八ヵ月間にわたって一ヵ月当り七五〇億USドルのペースで六〇〇〇億USドル分の米国債の追加購入を行って、QE2は株式市場をはじめとする資産市場や、実体経済に一定の効果をもたらしたが、雇用創出に大きな影響をもたらすことはなかった。

こうした積極的金融緩和によってドルは下落し、二〇〇九年に一ドル一〇三・三六円（年間の平均レート）は二〇一二年には一ドル七九・七九円（年間平均レート）と一ドル八〇円を割ってきたのだった。

この急速な円高で日本の製造業は大きな影響を受け、リーマン・ショックによるマイナス成長から立ち直ってきていた日本経済は二〇一一年には再びマイナス成長（マイナス〇・一二％）になり、二〇一二年には若干回復したものの、一・五〇％と二％を切ることになったのだった。

二〇一二年一二月に成立した安倍晋三内閣は、積極的金融緩和によって局面の打開をはかる。二〇一三年三月には黒田東彦アジア開発銀行総裁が日本銀行総裁に就任、「異次元金融緩和」と呼ばれたアグレッシブな金融緩和を実施したのだった。この緩和によって二〇一二年には年間平均で一ドル七九・七九円だった円ドルレートは二〇一三年には一ドル九七・六〇円（年間平均）、二〇一四年には一ドル一〇五・九四円（年間平均）、そして二〇一五年には一ドル一二一・〇四円（年間平均）まで下落したのだった。

積極的金融緩和政策、そして円安を受け、日経平均も上昇し、二〇一三年には前年の一万三九五円（年間平均）から一気に一万六二九一円（年間平均）まで上昇したのだった。一年間で五七％の上昇と六割近く株価は上がっていったのだ。その後も株価の上昇は続き、二〇一四年には一万七四五一円（年間平均）、二〇一五年には一万九〇三四円（年間平均）を記録している。その後も世界的株高を反映して日経平均は二〇一八年一月末には二万三〇九八円まで上昇したが、その後は緩やかに下落し、二〇一八年七月には二万二五〇〇円を上回ったのだ。

◉緩和政策による先進各国の経済回復

こうした積極的金融緩和政策の結果、低迷している各国の経済成長率は回復し、二〇一四年には先進国全体で二・〇％に達したのだった（二〇一二年は一・二％、二〇一三年は一・三％）。二〇一五年には二・一％、二〇一六年は一・七％の成長率を記録し、二〇一七年には二・〇％を再び達成している。なかでも、アメリカ経済は好調で二〇一四年には二・四％、二〇一五年には二・六％を記録している。二〇一六年は資源価格下落で若干下落したものの（一・六％）、二〇一七年には再び二・三％を達成している。

ただ、成長率が上昇する一方、インフレ率も上がり、二〇一五年に〇・一二%だったアメリカのインフレ率は二〇一六年には一・二七%、二〇一七年には二・一四%まで上昇している。

イギリスでも二〇一五年に〇・〇四%、二〇一六年に〇・六六%だったインフレ率は二〇一七年には二・六八%まで上昇している。インフレ率の比較的低いドイツでも二〇一七年には一・七二%まで上昇している（二〇一五年は〇・一三%、二〇一六年は〇・三七%）。フランスでも二〇一七年には一・一六%になっている（二〇一五年〇・〇九%、二〇一六年〇・三一%）。

デフレ状態にあった日本でも（二〇一六年はマイナス〇・一一%）、二〇一七年には〇・四七%とプラスに転じている。

「長い一六世紀」と共通する、いまの世界経済が直面する限界

◉飽和点に達した近代資本主義の終焉

日本の一〇年債の金利は一九九七年九月から二％を下回り、その後も下落を続け、二〇一八年七月には〇・〇六八％と〇％近辺で推移している。アメリカやドイツは日本より高いもののアメリカの一〇年債も二〇〇一年には五％を上回っていたのが、二〇一八年には三％を下回ってきている。ドイツの一〇年債も下落を続け二〇一八年には〇・四％まで下落している。

水野和夫はこの状況を「利子率革命」と呼び、二一世紀に近代資本主義は終焉を迎えると述べている。利子率の低下は利潤率の低下の反映。投資が行きわたり、もはや、

フロンティアが消滅し、利潤率はほとんどの分野で低下してきたというのだ。「より速く、より遠く、より合理的に」展開してきた近代資本主義は限界に達し、「よりゆっくり、より近く、より寛容に」進まざるをえなくなったというのだ。

この利子率革命はいわゆる長い一六世紀（一四五〇〜一六四〇年）でも起こっていたのだった。一五五五年から五六年にかけてイタリアジェノバの利子率は九％だったが、それが一六一九年には一・一二五％まで低下してしまった。これは当時としては史上最低の利回り。そして、「中世」が終わったのだった。この時期、スペイン王カール五世の軍隊がローマに侵攻し、ルネッサンス文化の中心だったローマは壊滅し、停滞の時期を迎えたのだった。

そしてローマ法王の権威は、ルターの宗教改革（一五一七年）やコペルニクス革命（一五四三年）などで失墜していったのだ。近代資本主義がイタリア諸都市から次第に拡大していった。

この長い一六世紀の中間点、一五七一年にレパントの海戦が起こっている。スペイン、ベネツィアを中心とするカトリック教国の連合艦隊がオスマントルコの艦隊に大勝したことで、地中海はイスラムの海からキリスト教国の海へと次第に変わっていったのだ。この戦いでオスマントルコが滅びたわけではなく、オスマン帝国は一九二二年まで続くのだが、海戦に勝利したスペインはフェリペ二世の統治のもとでその最盛期を迎える（一五五六〜一五九八年）。フェリペ二世の時代はイギリスではエリザベス一世の時代（一五五八〜一六〇三年）。スペインのフェリペ二世はイングランド女王メアリー一世が一五五八年に死去するまでは、イングランドの共同王だった。カトリック教徒であったフェリペ二世にとってプロテスタントであるエリザベス一世は異端者であり、彼はエリザベス一世を倒して前スコットランド女王のメアリー・スチュアートを王位に就けようとするのだが、エリザベス一世は一五八七年にメアリー・スチュアートを処刑し、フェリペ二世と対立するのだった。

そして一五八八年のアルマダの海戦で、フランシス・ドレークの率いるイングランド艦隊はスペインの無敵艦隊を撃破し、次第にスペインは衰退局面に入っていく。そしてヨーロッパの覇権は徐々に北上し、オランダからイギリスへと主導権が移っていったのだった。イギリスはその後一七六〇年に始まった産業革命を主導し、一七五六

～一七六三年の七年戦争に勝利し、その覇権を確立していったのだ。

長い一六世紀には山頂までブドウ畑がつくられ、農業を中心とした中世ヨーロッパの産業は飽和点に達していたのだった。そして、利潤率、利子率は低下し、利子率革命によって中世は終焉し、イタリア諸都市を中心に新しい近代への動きが始まっていったのだ。

先進各国に広まった金融緩和政策

⦿各国の構造的デフレが、積極的緩和策を可能にしている

リーマン・ショック後、まず積極的金融緩和を実施したのは、前述したとおり、アメリカだった。QE1、QE2、QE3を三年間のあいだにたて続けに実施したのだ。当然、為替レートはドル安に推移する。こうした状況を受け、欧州中央銀行（ECB）も日本銀行も金融緩和に踏み切り、自国通貨の過度な切り上げを回避する。もちろん、緩和は国内経済の刺激が主たる目標だが、結果として通貨の切り上げを抑制する効果も持つことになる。二〇一三年ECBは主要政策金利を〇・七五%から〇・五〇%（五月）、さらに〇・五〇%から〇・二五%（一一月）に引き下げ、さらに二〇

一四年に〇・一五％（六月）、〇・〇五％（九月）に引き下げ、さらに、二〇一六年には〇・〇〇％（三月）まで下落させたのだった。

日本銀行も二〇一三年三月に黒田東彦総裁が就任し、四月から「異次元金融緩和」と呼ばれた量的・質的金融緩和政策を導入する。そして消費者物価二％の物価安定目標を二年程度の期間で実現するとしたのだ。

まさに、主要先進国は、こぞって、積極的な金融緩和策を実行し、リーマン・ショックによる経済の後退を反転させることに全力を尽くしたのだった。そうした金融緩和はドル安を反転させ、たとえば、円ドルレートは二〇一二年一〇月の一ドル七九・〇〇円（月内平均レート）から、二〇一五年三月には一ドル一二〇・三六円まで円安になっていったのだ。

こうした金融緩和政策を長期にわたって先進各国で継続できたのは、かつてのようにインフレの心配があまり強くなかったからだった。周知のように、日本は二〇〇九年からディスインフレーション状況。前述のとおり、二〇一六年の消費者物価は〇・一一％の下落。二〇一七年は〇・四七％上昇にとどまっている。

インフレ率の比較的高いアメリカでも二〇一六年は一・二七%、二〇一七年は二・一四%にとどまっている。

イギリスは二〇一六年〇・六六%、二〇一七年は二・六八%、フランスは二〇一六年〇・三一%、二〇一七年一・一六%、ドイツは二〇一六年〇・三七%、二〇一七年一・七二%、イタリアは二〇一六年マイナス〇・〇五%、二〇一七年一・三三%となっている。

日本よりは若干高いものの、各国ともディスインフレーション状況。インフレ率は、おおよそ、〇%から二%の範囲におさまっているのだ。

二一世紀は各国ともディスインフレーションの局面に入っている。水野和夫は『二〇〇〇年デフレ』（日本経済新聞社・二〇〇三年）で、筆者も『構造デフレの世紀』（中央公論社・二〇〇三年）で一五年ほど前にそのことを指摘しているが、まさにそうした状況が次第に、しかも加速度的に、実現してきているといえるのだろう。

この二〇〇三年時点での二人の指摘はあまり評判がよくなく、『エコノミスト・ミシュラン』（太田出版・二〇〇三年）において、ワースト経済学者として私たち二人は強く非難されている。この本を著わしたリフレ派の経済学者にとっては、デフレが構造的だと論じる私たちが我慢できなかったのだろう。しかし、その後の現実を見れば、結果はおのずから明らか。ディスインフレーションは先進国経済の構造的ファクターになっていったのだ。

◉低成長、低インフレ局面に入った先進国

先進各国がディスインフレーションの時代に入ったということは、他方では成長率がかつてに比べかなり低くなったということでもある。

ＩＭＦの最新の「世界経済見通し」（二〇一八年七月一六日）によると、先進国全体の二〇一七年の成長率は二・四％、二〇一八年も二・四％と見込まれている。アメリカがなかでも成長率が高く、二〇一七年二・三％、二〇一八年二・九％、ユーロ圏は二〇一七年二・四％、二〇一八年二・三％、日本は二〇一七年一・七％、二〇一八年一・〇％となっている。つまり、成長率は平均して二％前後、インフレ率〇～二・〇％と対応して低い数字だということができるのだろう。

別に、先進国が弱体化したということではなく、それぞれ「成熟」し、成長率もインフレ率も下がってきたということなのだ。つまり、多くの先進諸国は成熟し、低成長、低インフレの局面に入ってきたということなのだろう。

多くの先進国の一人当りGDPはほぼ四万USドルから五万USドルに達してきている。二〇一六年にはアメリカが五万七六〇八USドル、カナダが四万二二二五USドル、ドイツが四万二一七七USドル、イギリスが四万五〇USドル、日本が三万八八八三USドル、フランスが三万八一七八USドル、イタリアが三万五〇七USドルに達している。

USドル換算なので為替レートによってレベルは上下するが、各国とも四万～五万USドルとなっている。日本は二〇一六年には四万ドルを切っているが、これは円ドルレートが若干円安に推移した結果（二〇一六年の年間平均レートは一ドル一〇八・七九円）。円ドルレートが円高になっていった二〇一一年、二〇一二年（二〇一一年の年間平均レートは一ドル七九・八一円、二〇一二年の年間平均レートは一ドル七九・七九円）には四万八一六九USドル、四万八六三三USドルに達していたのだ。

第二章

金融正常化と、国民国家回帰の潮流

先進各国の緩和政策からの転換が、世界経済の流れを大きく変える

⦿アメリカ、ヨーロッパの金融緩和からの離脱の動き

二〇一七年に入ると金融緩和からの離脱が始まることになる。まず、アメリカが九月、量的緩和で膨らんだＦＲＢの資産を一〇月から段階的に縮小することを決定した。そして二〇一七年一二月には〇・二五％の政策金利の引上げを実施。

二〇一八年二月五日にはジェローム・パウエルＦＲＢ理事が新議長に就任した。パウエル議長は就任後初となるシカゴ講演（二〇一八年二月六日）で「われわれは二％のインフレ率と、力強い労働市場を伴う持続的景気拡大を引き続き目指す」と表明し、「経済がおおむね現在の軌道を進み続ける限り、フェデラルファンド（ＦＦ）金利の

さらなる漸進的引き上げがそれらの目標を推進するうえで最善となる」と続けたのだったた。そして、二〇一八年三月および六月にそれぞれ〇・二五％の利上げが発表されたのだった。マーケットは二〇一八年あと二回、合計で四回利上げが行われると見ている。二〇一九年にはＦＦ金利は二・五％に達すると見られている。また、二〇一九年には二・九％前後で利上げが打ち止めになるとの見方が多い。

欧州中央銀行（ＥＣＢ）についても、マリオ・ドラギＥＣＢ総裁は九月の理事会後の記者会見で、二〇一九年の夏以降の利上げを示唆している。

他方、日本銀行は二〇一八年一月二三日の金融政策決定会合で量的・質的金融緩和の継続を決定し、黒田東彦総裁は「出口」検討に否定的な姿勢を示した。会合後の記者会見で総裁は次のように述べている。

「二％の物価安定目標に向けたモメンタム（勢い）は維持されているが、なお力強さを欠いており、引き続き注意深く点検していく必要がある」とし、物価の下振れのリスクが大きいとの見方を示し、出口を検討する局面には至っておらず、「引き続き現在の金融緩和を粘り強く進めていくことが日本経済にとって必要だ」と語ったのだった。

黒田東彦総裁は四月六日の閣議で再任が決定されている。五年を超えて続投するのは山際正道総裁（在任一九五六〜六四年）以来約六〇年ぶり。第二次世界大戦後、五年を超えて続投したのは一万田尚登総裁と山際正道総裁の二人。ただ二人とも二期目の途中、八年目に勇退している。黒田総裁が任期いっぱい、合計一〇年務めれば戦後最長ということになる。

今回の再任決定と同時に、副総裁には日本銀行から雨宮正佳理事、外部からは若田部昌澄早稲田大学教授が就任している。日本銀行総裁は通常、財務省出身者と日本銀行出身者が交互に務めるのが慣例となっている。二三代森永貞一郎総裁（大蔵省事務次官）のあとは日本銀行の前川春雄総裁、澄田智総裁（大蔵省事務次官）のあとは日本銀行の三重野康総裁といった具合だ。

二八代からは大蔵省接待疑惑の影響で三代日本銀行出身者が続いたが（速水優、福井俊彦、白川方明）、二〇一三年からは財務省の黒田東彦が総裁に就任している。黒田は森永貞一郎や澄田智のように事務次官経験者ではなく、財務省の最終ポストは財務官。その後、アジア開発銀行総裁に転じ、アジア開発銀行から日本銀行総裁に就任している。

財務省は元事務次官で日本銀行副総裁も務めている武藤敏郎を推薦したといわれているが、安倍晋三総理が旧知の黒田総裁を選んだといわれている。二人は安倍総理が内閣副官房長官だったとき（二〇〇〇～二〇〇三年）、官邸で同時に仕事をしていた（黒田総裁は内閣官房参与をしばらく務めていた。二〇〇三年三～七月）。そのとき、二人は積極的金融緩和策で景気浮揚すべきだという点で、意見が一致したといわれている。

元財務官の日本銀行総裁は初めてだが、日本銀行の仕事が急速に国際化するなかで、「国際派」黒田東彦総裁の起用は成功だったということができるのだろう。黒田は財務省退任後もアジア開発銀行総裁を八年も務めており（二〇〇五～二〇一三年）その国際的人脈は極めて広い。主計局長出身の総裁より、グローバリゼーションの急速に進展するなかでは、より適任だということができるのだろう。

今回、副総裁に就任した雨宮正佳は企画畑が長く、二〇〇六年に企画局長を経て、二〇一〇年に日本銀行理事に就任している。一九七九年日本銀行入行なので日銀勤務三七年のベテラン。おそらく次期総裁含みで副総裁に就任したのだろう。従来の慣例どおり、財務省出身者と日銀出身者が交互に就任ということになれば、雨宮が黒田を引き継ぐことになる。黒田が任期いっぱい務めれば二〇二三年だが、一万田元総裁や山際元総裁のように八年前後で勇退すれば、雨宮就任は二〇二一年前後ということになる。

二〇二一年、黒田総裁は七七歳、年齢的には引きどころなのかもしれない。二期目を務めた一万田元総裁、山際元総裁はそれぞれ六〇歳、六二歳で退任している。ただ、日本人の平均寿命は当時から大幅に延びている。一万田元総裁が就任していた一九四六～一九五四年の日本人男子の平均寿命は五〇歳から六〇歳。二〇一六年の日本人男子の平均寿命は八一歳。ここ六〇余年で二〇年以上も延びている。とすれば、一万田総裁が六〇歳で退任したことから、現在なら八〇歳退任でも問題ないということになる。つまり、黒田総裁が任期いっぱい務めて退任しても、七九歳での退任。過去の例や、平均寿命の動向からは問題ないということになるのだろう。

前述したように二〇二一年の勇退ということならば、七七歳での退任。スムーズな引継ぎということなら、中途退任のほうが問題が少ない。二〇二一年、雨宮正佳は六六歳。黒田現総裁の総裁就任は六八歳のとき。五年は務める日本銀行総裁としては、ちょうどいい年齢だということもできるのかもしれない。

◉二〇一九年度あたりと思われる日本の金融正常化

いずれにせよ、第二期黒田体制、あるいは雨宮体制のとき、日本も「金融正常化」に踏み切る可能性が高いのではないだろうか。黒田東彦日本銀行総裁は「二〇一九年度ごろには（物価上昇率が）二％に達する可能性が高いと確信している」と述べている。とすれば、「出口」、あるいは金融正常化も二〇一九年度あたりということになるのだろう。

アメリカのＦＲＢ、ヨーロッパのＥＣＢに続いて日本銀行も金融緩和政策から転換するとなると、世界経済の状況は大きく変わることになるのだろう。金融緩和を背景に続伸し続けてきた株式市場も二〇一八年一月をピークに緩やかな下降に転じている。

二〇一八年一月のニューヨークダウ平均終値は二万六一四九ドル、二月は二万五〇二九ドル、三月は二万四一〇三ドル、四月に入って二万三〇〇〇ドル台に入っている。日経平均株価も二〇一八年一月をピークに（一月の終値二万三〇九八円、二月の終値二万二〇六八円、三月終値二万一四五四円）四月には二万一〇〇〇円まで推移している。ただ、その後は若干上昇し、二〇一八年七月末にはニューヨークダウは二万五〇〇〇ドルを上回り、日経平均は二万三〇〇〇円に近づいている。

また、株安は円高にもつながってきている。アメリカのドナルド・トランプ大統領が国内雇用優先、輸出促進のためにドル安政策をとっていることも影響して、円ドルレートもこのところ若干円高に傾いてきている。

二〇一五年には日本銀行の積極的金融政策によって一USドル一二一・〇四円（年間平均レート）まで円安になった円ドルレートもその後、円高に推移し、二〇一六年一月には一ドル一二〇円を切り（二〇一六年一月の月間平均レート一ドル一一八・三一円）、二〇一七年には一ドル一一二・一七円（年間平均レート）にまで高くなっている。二〇一八年に入ると、一ドル一一〇円を切ったが、その後は一一〇～一一五円のレンジで推移している。

アメリカ政府がかなり意識的にドル安政策をとっていることもあって、為替介入をして円高を食い止めることはかなり難しい。為替介入は当該関係国双方の同意がないと効果を発揮しない。日本が介入しても、アメリカが反対を表明すれば、その効果は打ち消されてしまう可能性が高い。一ドル九〇円、八〇円となって、アメリカがドル安に危機感を感じ、介入を支持するようになればともかく、現状での介入は効果が極めて限定されるだろう。

ヨーロッパの政治混乱が、安全通貨「円」の需要を高めている

◉難民問題に揺れるヨーロッパ

ヨーロッパで政治的混乱が続いていることも安全通貨と目されている円の需要を高めている。二〇一六年にはイギリスがEUから離脱し、今後どのようなスケジュールでプロセスが進行するかに注目が集まっている。当時のデービッド・キャメロン首相にとって国民投票で離脱が選択されたのは予想外のことだった。経済的にマイナス要因が多い離脱が選ばれるとは思っていなかったのだ。

国民投票で離脱が選択された最大の理由は、難民問題だったといわれている。EU域内でもモノ、カネ、ヒトの流出入は自由。それが理由でイギリス国内に北アフリカ

や東ヨーロッパから多くの難民が流入したのだった。

難民問題は雇用の面で多くの問題を引き起こし、また、犯罪の温床にもなった。これに対する反発が国民投票でのＥＵ離脱を引き起こしたのだといわれている。

ハンガリーでも難民の受け入れを拒否し、メディアや司法を抑えつける強権的な政治を進めてきたオルバーン・ヴィクトル首相が二〇一八年四月八日に議会選挙で勝利し、再選が確実になった。オルバーン首相の与党は憲法改正に必要な三分の二を若干上回る一三三議席を獲得した。反難民政策が国民の高い支持を取りつけたのだ。

ポーランドをはじめとする中東欧諸国では、ハンガリーのオルバーン首相に追随するような動きが勢いづいており、ＥＵを揺さぶっている。

難民問題は他のヨーロッパ諸国も混乱に陥れている。イタリアでは反難民政策をとりＥＵからの離脱を主張する「五つ星運動」が二〇一八年三月四日の総選挙で第一党となり、政党グループ別ではベルルスコーニ元首相が率いる中道右派連合が首位となった。今後の焦点は両グループの連立協議になってくるという。

ドイツでも移民に反対し、ＥＵ離脱を主要政策として掲げる「ドイツのための選択肢」が二〇一七年九月二四日の下院議院選挙で九四議席を獲得している。与党のCDU／CSUは二四六議席と第一党は維持したが過半数を失い、一五三議席を獲得した社民党（SPD）との大連立政権を目指し協議に入っている。

フランスは二〇一七年四月の大統領選挙で「アン・マルシュ（共和国前進）」を結成したエマニュエル・マクロンが決選投票で得票率六六％を獲得し、マリーヌ・ルペン候補を破り、大統領に就任している。同年六月一一日（第一回投票）と六月一八日（決選投票）に行われたフランス議会総選挙でも共和国前進が全五七三議席中三〇六議席を獲得、大統領を支持する「民主運動」の四二議席をあわせ、三四八議席を獲得した。全議席の六一％を占める安定政権だといえるのだろう。

大統領選挙でマクロンと対抗したマリーヌ・ルペンの「国民戦線」はわずかに八議席。ルペンは移民排斥を掲げ反EUという主張。ただ、ドイツやイタリアと違って大きな勢力にはなっていないが、ルペンが二〇一一年党首として選出されて以来、支持率は高まっており、二〇一四年の地方選挙でいくつかの市町村を獲得し、同年、欧州選挙では投票率の二八％を獲得、フランス政治の一方の柱となってきている。

統合から分離に向かいだした世界の潮流

◉各国に広まる自国経済を守ろうという動き

アメリカではトランプ大統領が「アメリカ・ファースト」のスローガンを掲げ、国民国家への回帰を目指しているが、ヨーロッパでも難民問題が契機となり、ＥＵ離脱の動きが拡大してきているのだ。

イタリアの五つ星運動は二〇一八年三月四日の総選挙で政党としては第一党になっている。下院で二二七議席を獲得したが、中道右派の二六五議席には及んでいない。中道右派の中心はイタリア民主党。現在の首相は民主党のパオロ・ジェンティローニ。総選挙では下院で一一二議席、上院で五三議席と半数以下の議席しかとれず惨敗。マッテオ・レンツィ首相が責任をとって辞任し、パオロ・ジェンティローニに交代した。今後は五つ星が政権に入るのか、あるいは閣外協力するのかが焦点になってくる。

世界は明らかに統合から分離に進み出しているといえるのだろう。EUがただちに解体することはないにしても、イギリスを追って、EUを離脱する国が次第に増えてくる可能性は低くないのだろう。アメリカと同様、ヨーロッパも、また、国民国家への回帰が緩やかに進んできているのだ。難民問題を一つの契機に、ヒト、モノ、カネの移動が自由である統合への抵抗が強まってきているのだ。

アメリカも、世界のリーダーとして、あるいは、警察官として、世界の秩序を維持するといった役割を縮小し、国内問題にその政策の重心を移すとしている(「アメリカ・ファースト政策」)。

そして、ヨーロッパも、また、自国ファーストの政策に戻りつつあるといえるのだろう。世界経済の流れが金融緩和時代から大きく変わっていくなかで、各国の政策も防衛的になり、自国の経済を守っていくことに主眼を置いたものになってきているといえるのだろう。

第三章

加速するリオリエント現象

二〇〇年ほど前まで世界経済の中心はアジアだった

◉中国、インドが世界のGDPの七割を占めていた

一九世紀初めまでの世界経済の中心は、実はアジアだった。アンガス・マディソン（経済成長の統計的研究の第一人者でその著書は日本を含めて九ヵ国で翻訳されている）の試算によると、一八二〇年の時点で、世界のGDPの二八・七%は中国、一六・〇%はインドによって占められていたという。実に、両国で世界の総所得のほぼ半分を占めていたのだ。

ちなみにこの時点での他国のシェアはフランス五・四%、イギリス五・二%、ロシア四・九%、日本三・一%だった。のちに台頭するアメリカのシェアはさらに低く

一・八％にすぎなかったのだ。時代を遡ると、中国、インドのシェアはさらに増加し、一五〇〇年前後には世界のGDPの七〇％弱あったと推測されている。

周知のように、中国とインドは四大古代文明の二つ（他にエジプト、メソポタミア）。エジプトとメソポタミアはイスラム化して、その経済力は次第に下がっていくが、中国とインドは、その後も、文明国として政治、経済的繁栄を謳歌したのだった。

アンガス・マディソンの試算によると（アンガス・マディソン著・金森文雄監訳『経済統計で見る世界経済二〇〇〇年史』・柏書房）、中国一国の実質GDPは一五〇〇〜一八二〇年の間、西欧の合計よりも大きかった。一五〇〇年には中国一ヵ国の実質GDPは六一八億USドルと西欧合計の四四三億USドルを二〇〇億ドル近く上回っていた。一八二〇年の時点でも、中国の実質GDPは二二八六億USドルと西欧合計の一六三七億USドルを上回っていたのだ。

インドについても一七〇〇年までは西欧合計より大きく（一七〇〇年にはインドの実質GDPは九〇七・五億USドル、西欧合計のそれは八三四・〇億USドル）、逆転したのは一八二〇年近くになってからだった。西欧合計が中国とインドの合計を上回ったのは、一八七〇年直前（一八七〇年の西欧合計実質GDPは三七〇二億USドル、中国は一八九七億USドル、インドは一三四九億USドル）のことだった。

これは西欧諸国によるアジア植民地化の結果であった。一八四二年にはアヘン戦争で敗北した中国が、香港島、九竜半島をイギリスに割譲。インドのムガール帝国はセポイの反乱で一八五八年に滅亡し、一八七七年にはインドはイギリスの植民地になってしまっている。実は、アジアで唯一欧米の植民地にならなかったのは日本だけ。タイが形式的には独立を維持したが、実質的にはイギリスの支配下にあった。日本が大陸から離れた島国であったことも影響したが、明治維新（一八六七年）で国として統一され、その後、富国強兵に努力したこともプラスに働いたのだろう。

日本は、日清戦争（一八九四〜九五年）、日露戦争（一九〇四〜〇五年）に勝利し、その存在感を大きく高めたのであった。当時の欧米諸国にとって極東の「小国」日本がヨーロッパの「大国」ロシアに勝利したことは大きな驚きであったのだ。アジアの国が欧米と戦って勝利したのは、これが初めてだったからだ。

欧米に植民地化されていたインド、トルコ、インドネシア、エジプト、中国などは自分たちが勝利したごとく日本の勝利を喜んだ。トルコで日本の勝利を喜ぶ大デモンストレーションがあったのは周知のこと。中国の建国の父と呼ばれる孫文は「これはアジア人の欧米人に対する最初の勝利であった。この日本の勝利は全アジアに影響を及ぼし、全アジア民族は非常に歓喜し、極めて大きな希望を抱くにいたった」と述べているし、インドのジャワハルラール・ネルー首相は「アジアの一国である日本の勝利は、アジアすべての国々に大きな影響を与えた」「日本の勝利はアジアにとって偉大な救いであった」と述べている。

後に訪日し、東京からインド独立運動を指揮したチャンドラ・ボースはこのときまだ小学生だったが、インドでは東郷平八郎元帥や乃木希典大将が英雄として敬慕され、尊敬されたと語っている。アジアの一国である日本のヨーロッパの大国ロシアに対する勝利は、全アジアに、アジア解放の大きな夢を与えたのだった。

◉日本のお蔭で植民地から解放されていったアジア諸国

実は第二次世界大戦（大東亜戦争）のときの日本の大義名分も「アジア解放の夢」

だった。前述のとおり、当時、日本以外のアジアの国々は欧米の植民地になっていた。インドはイギリスの、香港と九竜半島も同じくイギリスの植民地になっていた。ラオス、カンボジア、ベトナムはフランスの植民地だったし、フィリピンはアメリカの植民地。インドネシアはオランダの、マレーシア（当時のマラヤ連邦）とシンガポールはイギリスの植民地だった。欧米の植民地になっていなかったアジアの国は日本とタイだけ。しかし、タイは事実上イギリスの支配下にあった。一九五六年アメリカの二〇世紀フォックスが『王様と私』という映画をつくっているが、これはシャム王の子どもたちの家庭教師としてイギリスから赴任した教師アンナの話。まさに、この映画のようにタイは「家庭教師」イギリスの強い影響下にあったのだった。

ということは、事実上、欧米の植民地になっていなかったアジアの国は日本のみ。日本が、「アジア解放の夢」を大義として掲げたのはごく自然のことであり、また、多くのアジアの国々に歓迎されたのだった。

日本は一九四三年一一月五〜六日、東京でアジア地域の首脳を集めた「大東亜会議」を開催している。ここには、インドからチャンドラ・ボース、中華民国から汪兆銘、ビルマ（現ミャンマー）からバー・モウ、フィリピンからホセ・パラシオ・ラウエル等が参加している。いずれも欧米からの独立を求めていたアジアの指導者たちだった。

その後、チャンドラ・ボースはインドから亡命。ドイツを経て一九四三年五月東京に到着。かねてから日本を拠点に活動していたビハリー・ボースやA・M・ナイル等と合流し、インド独立連盟総裁とインド国民軍最高司令官に就任している。時の日本の総理、東條英機はチャンドラ・ボースに同調し、インド独立への支援を日本として擁護することとしたのだ。ボースはインド国民軍を組織し、日本のビルマ方面軍司令官河辺正三中将の協力を得て、いわゆる「インパール作戦」をビルマのインパールで実行することになる。インパール作戦で部隊を指揮したのは牟田口廉也中将（第一五軍指令官）。牟田口中将はジャングルと二〇〇〇m級の山々が連なる山岳地帯での作戦を立案した。しかし、補給線を無視した杜撰《ずさん》な作戦により、日本軍は多くの犠牲を出して歴史的敗北を喫したのだった。

日本側の指揮官は河辺、牟田口に加え、チャンドラ・ボース。兵力は九万二〇〇〇人だった。対するイギリス軍は、後に陸軍元帥になるウィリアム・スリム。兵力は一五万人。スリムはジャングル戦の鍵を握るのは斥候だとして優秀な兵を教育し、前線各部隊から日本軍支配地域に潜入させた。この任務の九割は成功し、イギリス軍は日本軍に対し情報面、心理面で優位に立つことができるようになったという。また、日本軍の小部隊に対して大部隊で攻撃をしかけるようにして、堅実に、勝利の経験を積んでいった。そして、スリムの率いる第一四軍は日本軍を迎え撃ち、勝利したのだった。

スリムはインパール作戦時の第三三師団長心得田中信男(最終階級中将)についてその回顧録で次のように述べたという。

「日本軍の潜入攻撃の大胆さと、最後まで戦う勇敢さは驚嘆すべきものであった。……中略……かくのごとく望みのない目的を追求する軍事上の分別を何と考えようとも、この企図を遂行した日本人の最高の勇気と大胆不敵さは、疑う余地がなく、日本軍に比肩すべき陸軍は他のいかなる国にもないであろう」

たしかに、日本の軍人たちは勇敢に戦ったのだろう。しかし、それはスリムのいうように「望みのない目的」を追求する軍事作戦上の大失敗であった。結果、日本軍は戦死者二万六〇〇〇人、戦病者三万人以上を出し大敗北したのだった。ただイギリス側も損害は少なくなく、死傷者一万七五〇〇人、戦病者を第三三軍団のみで四万七〇〇〇人も出している。

この作戦は牟田口廉也中将の強硬な主張により実行されたが、前述したように、補給線を無視した杜撰な作戦により歴史的敗北を喫し、いまでも、無謀な作戦の代名詞としてしばしば引用されている。

インパール作戦が実行されたのは一九四四年三月。すでに太平洋での日本軍の敗色は濃くなっていた。一九四二年六月六〜七日のミッドウェー海戦で日本軍は大敗北を喫し、この戦争における主導権を失っていた。

インパール作戦が行われた一九四四年三〜七月には米軍がサイパンに上陸（六月一五日）、日本軍は玉砕し、在住日本人も一万人死亡している。また六月一九日〜二〇日に行われたマリアナ沖海戦では、日本海軍は空母三隻と搭乗機ほぼすべてに加えて出撃潜水艦の多くを失う壊滅的敗北を喫し、西太平洋の制海権と制空権は完全にアメリカの手に落ちたのだ。

一九四四年七月四日、日本軍はインパール作戦を中止、同七月一八日には東條英機内閣が総辞職している。同八月にはテニアン島、グアム島で日本軍は玉砕。同一一月にはB29がマリアナ諸島から東京初空襲を行っている。周知のように一九四五年に入ると東京をはじめ多くの都市で大空襲が頻発し、日本の敗戦は決定的になった。

一九四五年二月にはヤルタ会議で米英ソ首脳が会談し、戦後処理の話し合いを行っている。日本側も小磯國昭首相、鈴木貫太郎首相が就任し、終戦への準備を進めたのだった。当初、鈴木首相は「ポツダム宣言」を黙殺したが（ポツダム宣言発表は一九四五年七月二六日）、広島、長崎に原子爆弾が投下され、八月一〇日には日本はポツダム宣言を受け入れ、八月一五日には終戦の詔（玉音放送）が出され、第二次世界大戦は終了したのだった。同日、鈴木貫太郎内閣は総辞職している。

日本は太平洋戦争に敗れたが、日本のアジア解放の夢は、第二次世界大戦後、次々と現実になっていったのだった。一九四五年九月ベトナム共和国がフランスから独立、一九四六年七月にはフィリピンがアメリカから独立、一九四七年にはインドとパキスタンがイギリスから独立。一九四八年にはスリランカがイギリス連邦の自治国として独立。一九四八年にはビルマ連邦（現在のミャンマー）がイギリスから独立、同年八～九月には大韓民国がアメリカから独立し、朝鮮民主主義人民共和国がソ連より独立した。一九四九年にはインドネシアがオランダから独立、一九四九年には中華人民共和国が設立されている。中華民国は台湾に遷都し、事実上、台湾は中国から分離された。また、一九五三年にはラオスとカンボジアがフランスから独立、一九五七年にはマラヤ連邦（現在のマレーシア）がイギリスから独立している。

結果として、日本の「アジア解放の夢」は第二次世界大戦を経て実現されたのだった。アジアに次いでアフリカの植民地も次々と独立をはたしていった。第二次世界大戦後、それが大きな流れになったのだが、日本がアジア解放の夢を掲げて、欧米と戦ったことも大きな契機になったのではないだろうか。

アジアの戦後の指導者たちはそのことをはっきり述べている。独立後のインド初代首相のジャワハルラール・ネルーは「インドはほどなく独立する。その独立の契機を与えたのは日本である。インドの独立は日本のおかげで二〇年早まった。この恩は忘れてはならない。これはインドだけではない。インドネシア、ベトナムをはじめ東南アジアの諸民族すべて共通である。インド国民は日本の国民の復興にあらゆる協力を惜しまないであろう。他の東亜諸民族も同じである」と述べている。

また、東京裁判で唯一、無罪論を主張したラダ・ビノード・パール判事も、「欧米こそアジア侵略の張本人である……」とし、「日本は（必ずしも）侵略戦争を行ったのではない」と述べている。マレーシアの元外相でアセアン創設に力を尽くしたカザリー・シャフリーは「……マレー人と同じ小さな躰の日本人が、大きなイギリスを追い払ったではありませんか。その結果マレーシアは独立できたのです。……」と述べているし、ビルマ（現ミャンマー）のバー・モウ元首相も「……ビルマ人はアジアを結合せしめアジアを救う指導者を待望しつつありしが遂にこれを大日本帝国に発見せり。ビルマ人はこのビルマに対する最大の貢献に対する日本への感謝を永久に記録せんと希望するなり。……」と述べている。インドネシア、タイでも同様、指導者たちは、日本のお蔭で独立が達成できたとしているのだ。日本のアジア解放の夢は日本の敗戦後実現し、また、アジアのリーダーたちはそのことを認識し感謝しているのだ。

二〇五〇年に出現するアジアが中心となった世界経済

⦿第二次大戦を経て訪れたアジアの時代

アンドレ・グンダー・フランク（一九二九〜二〇〇五年、ドイツ生まれの経済歴史学者）はその著書『リオリエント——アジア時代のグローバル・エコノミー』（山下範久訳・藤原書店・二〇〇〇年）のなかで、世界経済の中心は再びアジアに戻ってきたと論じている。題名の「リオリエント」の「オリエント」はアジアの意味でもあり、また方向を変えるという動詞でもある。つまり、世界経済は再び方向を変え、アジア中心の経済になってきたというのだ。

前述したように、一九世紀の初めまではアジアが世界経済の中心だった。そして第二次世界大戦を経て、再びアジアが世界に躍り出てきたのだ。

まず、高成長を遂げたのが日本。一九五六～七三年の高度成長期には年平均で九・一％の成長を達成し、一九七四～九〇年の安定成長期には年平均四・二％の成長を実現する。日本の一人当りGDPは一九八八年にアメリカのそれを抜き、この状況は二〇〇〇年まで続いたのだった。円ドルレートが円高だったことも影響していたが、日本は高度成長期、安定成長期を経て、欧米なみの先進国となっていったのだ。

日本に続いて香港、シンガポール、台湾、韓国が高度成長を達成していったのだった。香港は一九八〇～八九年の一〇年間、年平均七・四五％、シンガポールは同時期七・七九％、台湾は年平均八・四八％、韓国は八・二三％の高成長を遂げたのだった。この四ヵ国はアジアの四匹の虎と称せられた。

シンガポールと香港は一人当り名目GDPはアメリカに次いで高く（二〇一七年でシンガポール五万七七一三USドル、香港四万六一〇九USドル）、日本（二〇一七年で三万八四四〇USドル）よりかなり高くなっている。韓国も二万九八九一USドル、台湾も二万四五七七USドル（いずれも二〇一七年）で、かなり高い一人当り名目GDPを維持している。

一九九〇年代に入ると計画経済体制から市場経済導入に踏み切った中国とインドが高い成長率を達成してくることになる。一九九〇～九九年の中国の年平均成長率は九・九九％、インドの年平均成長率は五・七三％、二〇〇〇～二〇〇九年の中国の年平均成長率は一〇・二九％、インドのそれは七・三四％に上昇してくる。

実は、この時期、世界の経済成長率のトップ・テンはすべてアジアの国々だった。一九七九～二〇〇八年の年成長率の平均のトップは中国で九・八％、シンガポール（七・〇％）、ベトナム（六・六％）、ミャンマー（六・四％）、マレーシア（六・三％）、韓国（六・三％）、台湾（六・三％）、ラオス（六・一％）、タイ（五・八％）、インド（五・八％）と続いている。まさに、A・G・フランクのいう「リオリエント」現象が起こったのだ。

⦿中国を凌駕するインドの成長

ただ、中国は二〇一〇年代に入ると、高度成長期から安定成長期に入り、成長率を七%台から六%台に落としてくることになる。二〇一二年は七・九〇%、二〇一三年は七・八〇%、二〇一四年は七・三〇%、二〇一五年は六・九〇%、二〇一六年は六・七二%、二〇一七年は六・八六%となっている（二〇一八年は二〇一八年四月のIMFの推計によると六・五六%）。

他方インドは、逆に、成長率を上昇させていて、二〇一二年五・四六%、二〇一三年六・三九%、二〇一四年七・四一%、二〇一五年八・一六%、二〇一六年七・一一%、二〇一七年六・七四%となっている（二〇一八年は二〇一八年四月のIMFの推計によると七・三六%）。二〇一五年にはインドの成長率は中国のそれを抜き、二〇一六年、二〇一八年はリードを維持すると推計されている。

中国が人口減少の局面に入り（国連推計によると、二〇三〇年がピークで一四・四億人。その後減少し、二〇五〇年には一三・六億人、二一〇〇年には一〇・二億人）、老齢化も進むのに対し、インドの人口は二〇一五年の一二・八億人から、二〇三〇年には一五・一億人、二〇五〇年には一六・六億人まで増加するとされている（国連推計）。二〇二五年前後には中国とインドの人口が逆転するという見通しだ。

こうした人口の増加を背景に、インドは、今後も高成長を続けると予測されている。二〇一七年の名目GDPでインドは二・六一一兆USドル。中国の二〇％強（中国の名目GDPは一二・〇一五兆USドル）、アメリカの一三％強（アメリカの名目GDPは一九・三九一兆USドル）にすぎない。ということはインドはまだまだ成長の余地が充分あるということなのだ。

一人当り名目GDPで見れば、インドは全体の名目GDPで見るより低い。二〇一七年のインドの一人当り名目GDPは〇・一九八万USドルと中国の二二・九％（中国の一人当り名目GDPは〇・八六三万USドル）、アメリカの三・三％（アメリカの一人当り名目GDPは五・九五〇万USドル）にすぎない。経済運営さえうまく進めば、大きく伸ばすことができるはずなのだ。

ちなみに二〇一七年の一人当り名目GDPが最も高いのはルクセンブルクで一〇万五八〇三USドル、スイス（八万五九一USドル）、ノルウェー（七万四九四一USドル）等がトップファイブを占め、アメリカはナンバー・エイトで五万九五〇一USドル、日本は二五位で前述したように三万八四四〇USドルとなっている。

日本の一人当りGDPはドイツ（四万四五五〇USドル）、フランス（三万九八六九USドル）、イギリス（三万九七三五USドル）、イタリア（三万一九八四USドル）とほぼ同じレベルだということができるのだろう。つまり、日本人の所得のレベルはヨーロッパの大国とほぼ同様の水準ということなのだ。

二〇一七年の経済成長率を見ても（名目GDP）、日本は一・七一％とフランスの一・八四％、イギリスの一・七九％、ドイツの二・五一％、イタリアの一・四七％とほぼ同様の率になっている。先進国のなかではアメリカが最も成長率が高いがそれでも二・二七％。先進国の名目GDPの成長率は一・五〜二・五％のなかに収斂してきている。つまり、成熟先進国の名目GDPの成長率は二％前後ということになっているのだ。実質GDPで見ると二〇一七年の日本の成長率は一・二％と予測されている（IMFの予想値）。

先進諸国は二一世紀に入って、いわば、成熟段階に入ってきたといえるのだろう。PwCの推計（二〇一五年二月二七日推計）によると、二〇一五〜五〇年の先進国の年平均成長率（実質GDP）はアメリカ二・四％、イギリス二・四％、フランス一・

九％、ドイツ一・五％、イタリア一・五％、日本一・四％となっている。そして、二〇一五年からの実績を見ると、二〇一五年には、アメリカ二・六％、イギリスが二・二％、フランスが一・三％、ドイツが一・五％、日本が一・二％、二〇一六年にはアメリカが一・五％、イギリスが一・四％、フランスが一・二％、ドイツが一・九％、日本が〇・九％、二〇一七年にはアメリカが二・三％、イギリスが一・七％、フランスが一・八％、ドイツが二・五％、日本が一・八％になっている。二〇一八年についてはＩＭＦの予測だが、アメリカが二・七％、イギリスが一・五％、フランスが一・九％、ドイツが二・三％、日本が一・二％となっている。ほぼ、ＰｗＣの予測どおりに動いているといえるのだろう。

先進諸国のインフレ率は〇％から二％だから（二〇一七年、アメリカ二・一％、ドイツ一・七％、イタリア一・三％、フランス一・二％、イギリス二・七％、日本〇・二％）、実質ＧＤＰの成長率は一％前後ということになるのだろう。

たとえば、日本の二〇〇〇～二〇一七年の実質ＧＤＰの年平均成長率は一・〇五％とほぼ一％が日本経済の巡航速度になっている。アメリカは若干成長率が高いが（二〇〇〇〜二〇一七年の年平均成長率一・七二％）、ヨーロッパ先進国はほぼ年平均一％前後の成長率なのだ。ドイツは一・一七％、フランスは一・三三％、イタリアは〇・八六％。つまり、ヨーロッパ先進諸国でも年平均成長率は一％前後になっているということなのだ。日本もヨーロッパ先進国も一人当りGDPは四万USドル前後に達し、経済が「成熟」してきたといえるのだろう。

◉二〇五〇年には、アジアが世界経済の中心になる

こうしたなかで成長率を高めているのが、中国、インド、東南アジア諸国等のアジア諸国なのは前述したとおりなのだ。そして、このままの成長が維持されれば、二〇五〇年には、再び、アジアの国々が世界経済の中心になっていくということなのだ。PwCの「二〇五〇年の世界」（二〇一七年二月二三日発表）によると、二〇五〇年にはPPPベースのGDPで中国がナンバーワンで五八兆四九九〇億USドル、ナンバーツーがインドで四四兆一二八〇億USドルを達成するとされている。アメリカはナンバースリーに落ち三四兆一〇二〇億USドル、インドネシア（一〇兆五〇二〇億

USドル）、ブラジル（七兆五四二〇億USドル）、ロシア（七兆一三一〇億USドル）、メキシコ（六兆八六三〇億USドル）、日本（六兆七七九〇億USドル）、ドイツ（六兆一三八〇億USドル）、英国（五兆三六九〇億USドル）と続く。トップテンのうち日本を含めてアジアの国が四ヵ国となっている。インドは二〇四〇年前後にアメリカを抜いてナンバーツーになると予測されている。

ＰｗＣは二〇一六年から二〇五〇年の年平均実質ＧＤＰの成長率を予測しているが、トップはベトナムで五・〇％、インド（四・九％）、バングラデッシュ（四・七％）、パキスタン（四・四％）、フィリピン（四・二％）、ナイジェリア（四・一％）、エジプト（四・〇％）、南アフリカ共和国（三・九％）、インドネシア（三・八％）、マレーシア（三・六％）と続く。トップテンのうち七ヵ国がアジアの国々だ。ちなみに、この間のアメリカの成長率は前述したように二・四％、日本のそれは一・四％とされている。まさに、二一世紀前半はアジアの世紀。リオリエント現象が今後も続いていくというわけなのだ。

ＰｗＣのチーフエコノミストで「二〇五〇年の世界」の共同執筆者であるジョン・

ホークスワース（John Hawksworth）は次のように述べている。

「世界の経済力は、先進国からアジアやその他の新興国に向けたシフトが引き続き見られるでしょう。E7（ブラジル、中国、インド、インドネシア、メキシコ、ロシア、トルコ）の世界GDPにおけるシェアは二〇五〇年までに約五〇％まで上昇する一方で、G7のシェアはわずか二〇％強まで低下する可能性がありうる」

ただ、PwCのエコノミストは、世界経済の経済成長率は二〇二〇年まで年平均三・五％で推移したあと、二〇二〇年代は約二・七％、二〇三〇年代には約二・五％、二〇四〇年代には約二・四％になると予想している。これは、多くの先進国（いずれは中国などの一部新興国を含む）が労働人口の著しい減少に見舞われるためだ。同時に新興国では市場が成熟し、キャッチアップ型の急成長がしにくくなり、成長率が鈍化するためだ。これまでは新興国の占める割合が高くなることで、世界のGDPは押し上げられてきたが、こうした効果は次第に弱くなるというのだ。

二〇五〇年の世界については英国のエコノミスト誌も予測していてPwCとほぼ似たような結論を出している。まず、二〇五〇年の七大経済大国（G7）は中国、米国、インド、ブラジル、ロシア、インドネシア、メキシコになるとしている。これはPwCのトップセブンとほぼオーバラップする。また、アジア経済が世界経済のほぼ半分を占めるという予測もPwCと整合的だ。

また、地球の人口は二〇五〇年には九〇億人を突破し、増加する二三億人のうち約半分をアフリカ人が占めるという。国連の推計によると二〇五〇年の人口のトップはインドの一六億六〇〇〇万人、二位は中国（一三億六〇〇〇万人）、三位はナイジェリア（四億一〇六四万人）、アメリカ（三億八九五九万人）、インドネシア（三億二一五五万人）、パキスタン（三億六九四万人）、ブラジル（三億三二六九万人）、バングラデッシュ（二億一九三万人）、コンゴ共和国（一億九七四〇万人）、エチオピア（一億九一〇〇万人）と続く。インドは二〇二二年前後に中国を抜き、世界のナンバーワンになるとの予測だ。中国の人口は二〇三〇年以降減少に転じ、二〇五〇年の人口（一三億六〇〇〇万人）は現在（一三億八〇〇〇万人）より少なくなるとされている。中国も、日本と同様、いずれ人口減少、老齢化の局面に入っていくというのだ。

二〇五〇年以降はアフリカの人口が増加し、二一〇〇年には人口上位一〇ヵ国のうち五ヵ国をアフリカ諸国が占めるとの予測だ。人口の増加は次第に東アジアから南アジアに移りさらにアフリカに移っていくということなのだ。経済運営がしっかりされれば、世界の成長センターは東アジアから南アジア、そしてアフリカに移っていくことになる。

第四章

近代資本主義が立ち行かなくなった世界

利子率革命が中世を終わらせ、いま、資本主義を終わらせようとしている

◉次々と移るフロンティアが世界経済を支えてきた

水野和夫は『資本主義の終焉と歴史の危機』（集英社新書・二〇一四年）のなかで、「より速く、より遠くに、より合理的に」という近代の行動原理で展開してきた資本主義がいま、限界を迎えていると論じている。グローバリゼーションの進展によりフロンティアは消失し、先進各国は低成長時代に入ったという。もはや投資をしても利益を生まない超低金利時代が長期にわたって続く「利子率革命」が先進国の大半で進行し、各国の中間層は破壊され、国民国家は「資本国家」に変貌するに至っているという。長い一六世紀の利子率革命が中世を終わらせたように、「長い二一世紀」の利

子率革命が資本主義を終わらせるというのだ。

長い一六世紀には、いわゆる「利子率革命」が起こり、イタリア・ジェノバの金利が、当時としては世界最低水準だった古代ローマ帝国のアウグストゥス帝政時代の四%と並ぶまで低くなったのだ**（第一図）**。そして一六一九年には一・一二五%まで下がることになる。そしてこの利子率革命は「中世」を終わらせ、近代資本主義、主権国家へとシステムを一変させたのだった。

この時代はコロンブスがアメリカ大陸を発見し（一四九二年）、ヴァスコダ・ガマが喜望峰を回ってインドのカリカット（現在のコーリコード）に到着した時期（一四九八年）で、こうした海洋進出、海洋貿易によって近代資本主義が成立していったのだった。

一六世紀のイタリアでは、ワイン製造業が最先端産業だったが、山の頂上までワイン畑になるまで投資が行きわたり、前述したように、ジェノバの利子率は一%台まで下がってしまったのだった。つまり、投資が過剰になり、利潤率が低下し、利子率も下がっていったのだった。ワイン製造等を中心とした中世の農業経済は破綻していったのだった。

　そして、水野和夫は前掲書のなかで次のように述べている。

「このこと（利子率革命）はいまの日本の状況にも当てはまります。たとえば日本の実物資産は、政府資産を除いて民間資本ストック（インフレ調整後の二〇〇〇年基準価格であらわした実物資産）だけで二〇〇八年末時点で一二〇九兆円あります。二〇〇八年の日本のGDPが五四四兆円ですから、これはGDPの二・二倍に値する額です。」

「しかし、GDPの二・二倍もの実物資産が積み上がるというのは、日本全土のあらゆるところに投資が行われたことになりますから、あと一単位投資するときの利回りは当然低くなる。（中略）すると、投資機会が消滅して資本の行き先がなくなり、金余り現象が起きることになります。」

「これが現在の金余り現象の背後に利子率革命があるといったことの意味です。そして、このことは同時に、利潤極大化を行動原理とする資本主義にとって最大の危機が到来――ということでもあります。」

第一図
利子率革命

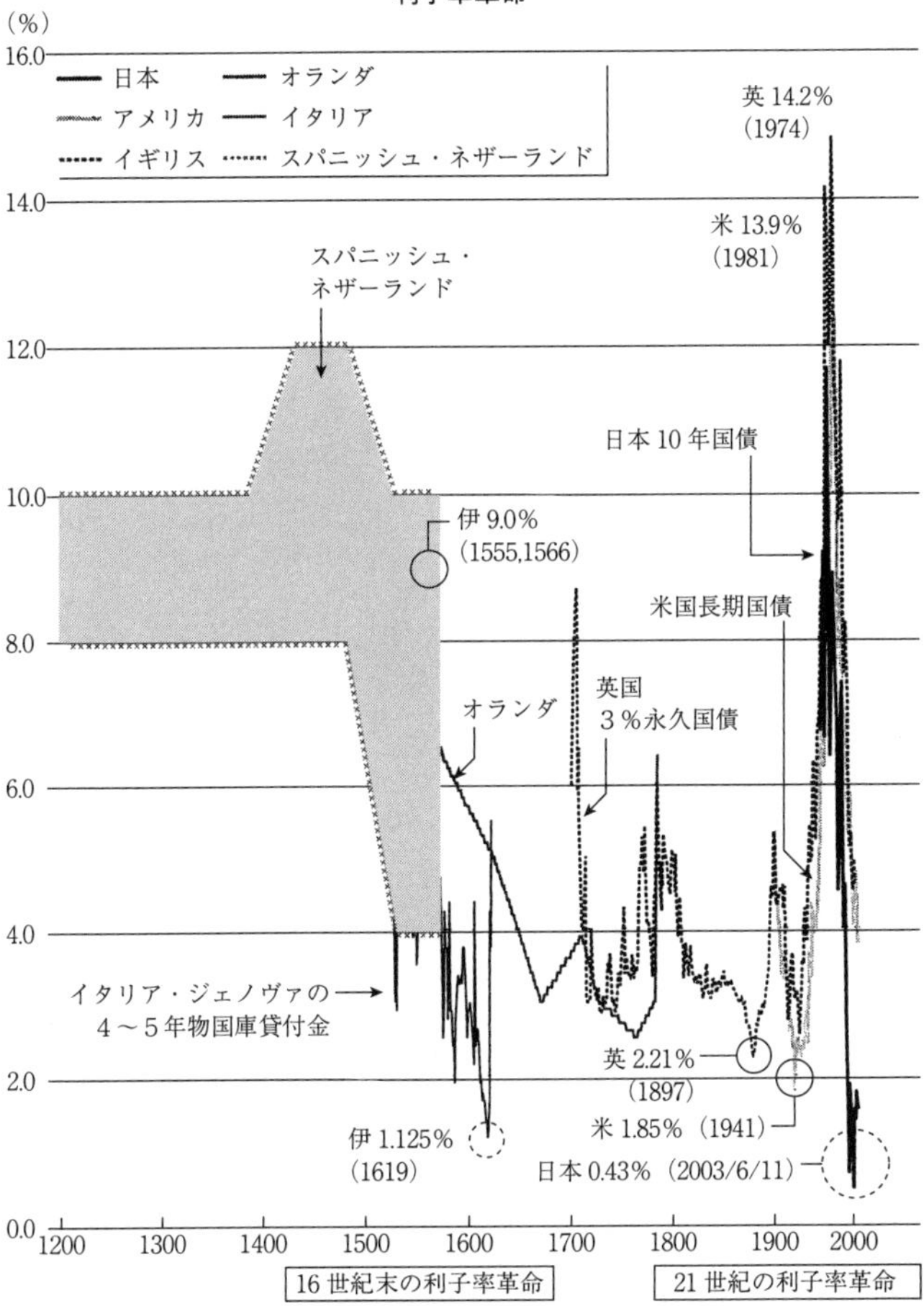

出典：水野和夫著、『世界経済の大潮流』太田出版

第二図
日本の経済成長率（実質GDP）の推移

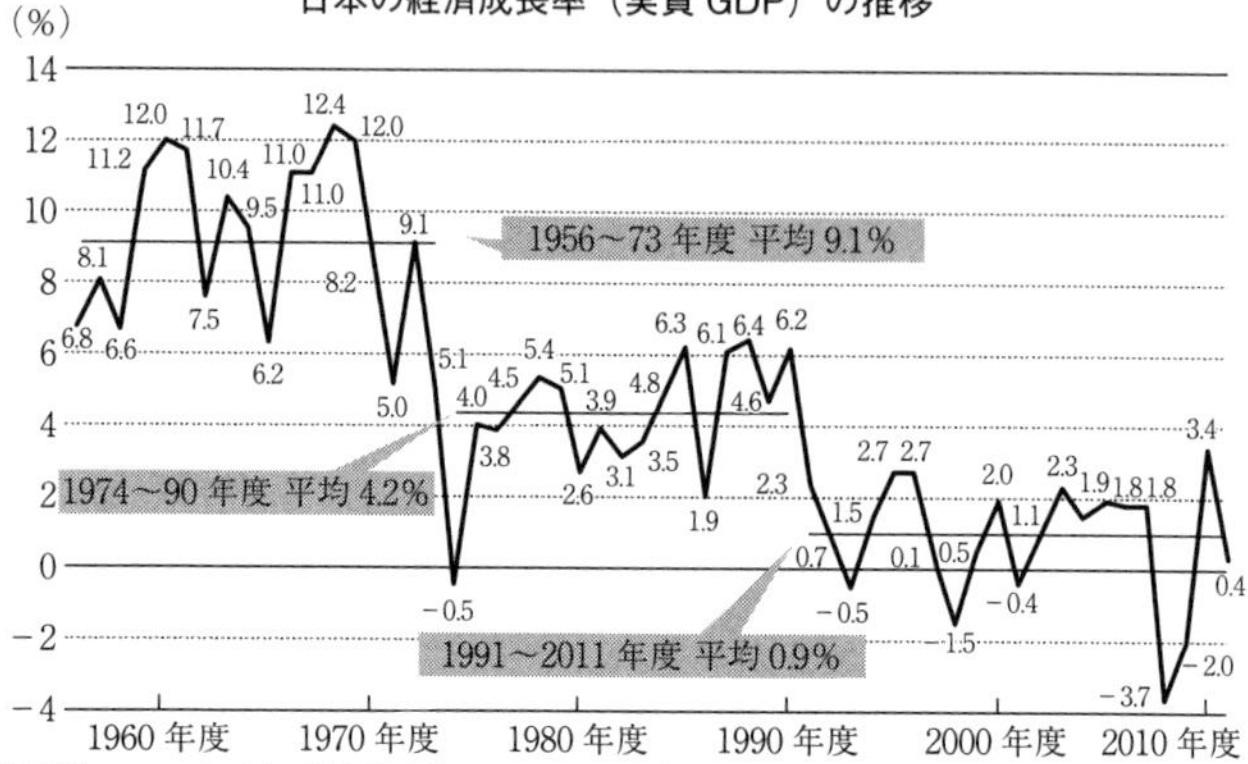

（出所）Webサイト「社会実情データ図録」（http://www2.ttcn.ne.jp/honkawa/）より作成

こうしたなかで「新興市場国の台頭」「金融経済の実体経済に対する優位」「資本の労働に対する優位」が現出し、「長い二一世紀」の利子率革命が起こっているというのだ。長い一六世紀が中世の終焉であったように、長い二一世紀も、また、近代資本主義の終わりだと水野は論じている。

そして、このことは成長の時代の終焉でもある。**第二図**で示されているが、日本経済が低成長の時代に入ったように、欧米先進国も、また、低成長の時代に入っている（**第三図**）。

資本主義は常にフロンティアを求め、それを発見しつづけてきたのだ。スペインと

第三図
主要先進国の経済成長率（実質 GDP）の推移

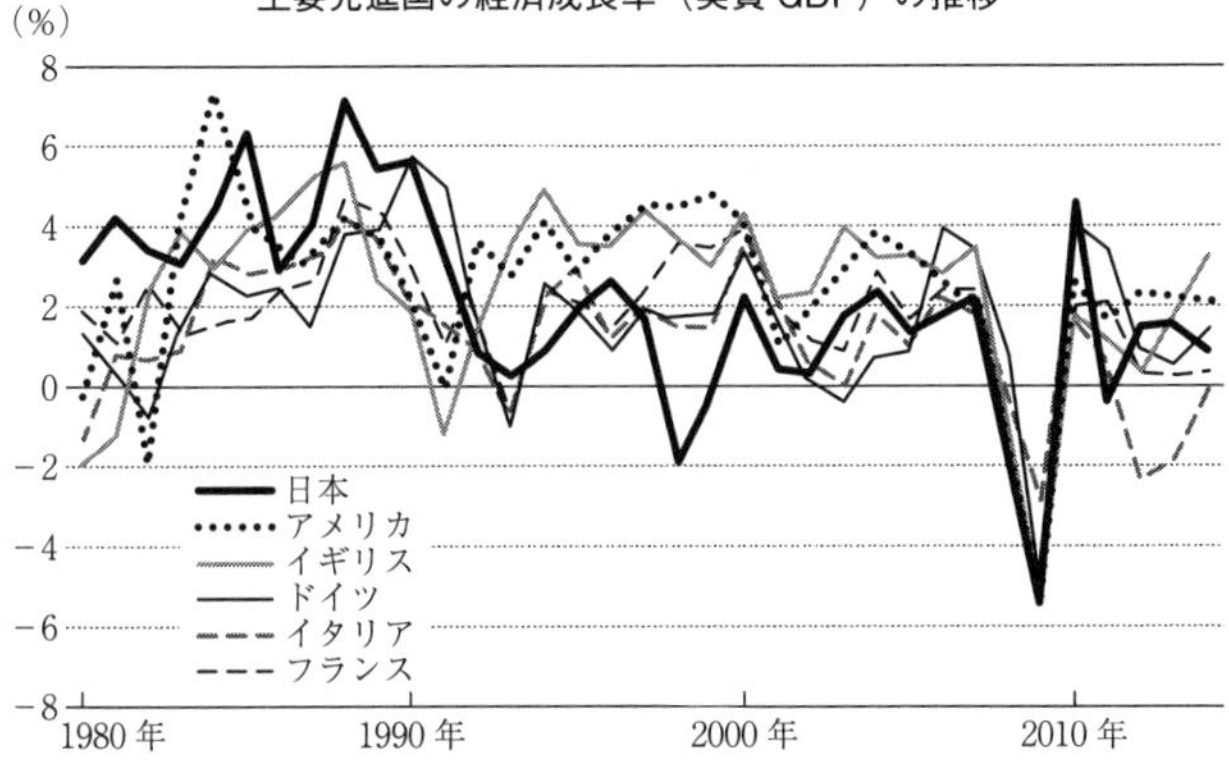

（注）2014 年は、2014 年 10 月時点の推計
（出所）IMF データより作成

ポルトガルが中南米に植民地をつくり、イギリス、オランダ、フランスも東インド会社を通じてアジア、アフリカ、そしてアメリカを植民地化していった。アジアでは日本を除いてすべての国が実質的に植民地化されたのだ。

そして、一八七〇年から一八七一年の普仏戦争（プロイセンとフランスによる戦争はプロイセン側の勝利に終わり、プロイセンを中心としたドイツ帝国が成立）を最後にヨーロッパでの戦争は終わり、イギリスを盟主としたパクス・ブリタニカの時代が到来したのだった。経済学者のジョン・メイナード・ケインズは、この時代はイギリスにとって夢のような時代であったと次のように述べている。

「一九一四年八月に終わりを迎えたこの時代は、人類の経済的進歩という点で素晴らしい時代であったということができるのだろう。（中略）ロンドンの市民は、ベッドで朝の紅茶をすすりながら世界中から好きな量の品物を電話で注文することができ、比較的早い自宅への配達を期待できた。しかも、同じ時、同じ手段で大した苦労もなく世界中の新しいベンチャーや自然資源に彼の富を投資し、その将来の果実で報酬をうることができたのである。そして、彼は彼の財産の安定を、想像力や情報がもたらす、いかなる大陸の大きな都市の市民たちの信義にも託することができるのである。」(John Maynard Keynes,"The Economic Consequences of the Peace", New York, Harcount, Brace, and Howe, 1920)

ただ、このイギリスの平和は、アフリカやアジアの植民地化によって、また、そのことによるイギリスの覇権の確立によってもたらされたものであったことも、はっきり認識されなくてはならないだろう。

第一次大戦から第二次大戦の間の戦間期は、一九二九年の大恐慌を挟んだ混乱期だった。そしてこの時期、イギリスを含めたヨーロッパは戦乱で荒廃し、次第に世界経済の中心はアメリカに移っていったのだった。両大戦でほぼ無傷だったアメリカは、その圧倒的経済力で世界のスーパーパワーになっていったのだ。

そして、この時期のフロンティアは敗戦国の日本やドイツ、イタリアと、戦乱で荒廃したアジアとヨーロッパだった。敗戦国であった日本やドイツは「奇跡の復興」などと呼ばれた高成長を達成し、アジアでは日本に続いて、韓国、香港、台湾、シンガポールが高い成長を達成し、これにシンガポール以外のＡＳＥＡＮ諸国が続いたのだった。

一九九〇年代に入ると日本や韓国の成長は鈍化し、中国、インド等が新しいフロンティアとして高成長を達成していくのだ。**第四図**は一九七九〜二〇〇八年の国別成長率の上位国だが上位一〇ヵ国はすべてアジアの国々だった。**第五図**は一九一三〜五〇年、一九五〇〜九二年の世界各地域の成長率だが、一九一三〜五〇年に停滞していたアジアが一九五〇〜九二年には急成長を遂げたことが示されている。

ここ数百年の間にフロンティアは次々移動し、世界経済を支えてきたのだが、二一

第四図
成長率の上位国・地域（1979-2008 年平均）

順位	国・地域	平均成長率	順位	国・地域	平均成長率
1	中国	9.8	7	台湾	6.3
2	シンガポール	7.0	8	ラオス	6.1
3	ベトナム	6.6	9	タイ	5.8
4	ミャンマー	6.4	10	インド	5.8
5	マレーシア	6.3	参考	米国	2.9
6	韓国	6.3	参考	日本	2.4

注：平均成長率は 1979 年から 2008 年までの 30 年間の平均をとったものである。対象は人口規模が 300 万人以上の国・地域とする。
出典：関志雄著『チャイナ・アズ・ナンバーワン』（東洋経済新報社、2009 年、P36）、IMF, World Economic Outlook Database より

世紀に入ると次第にフロンティアは開発しつくされ、利潤率は低下し、低金利の時代に入ってきたのだ。多くの先進国で人口は減少し、低成長の時代に入り、水野の指摘する長い二一世紀の利子率革命が進行してきているのだ。

第五図
主要地域別の、1913〜50 年期と 1950〜92 年期との GDP 成長の対比

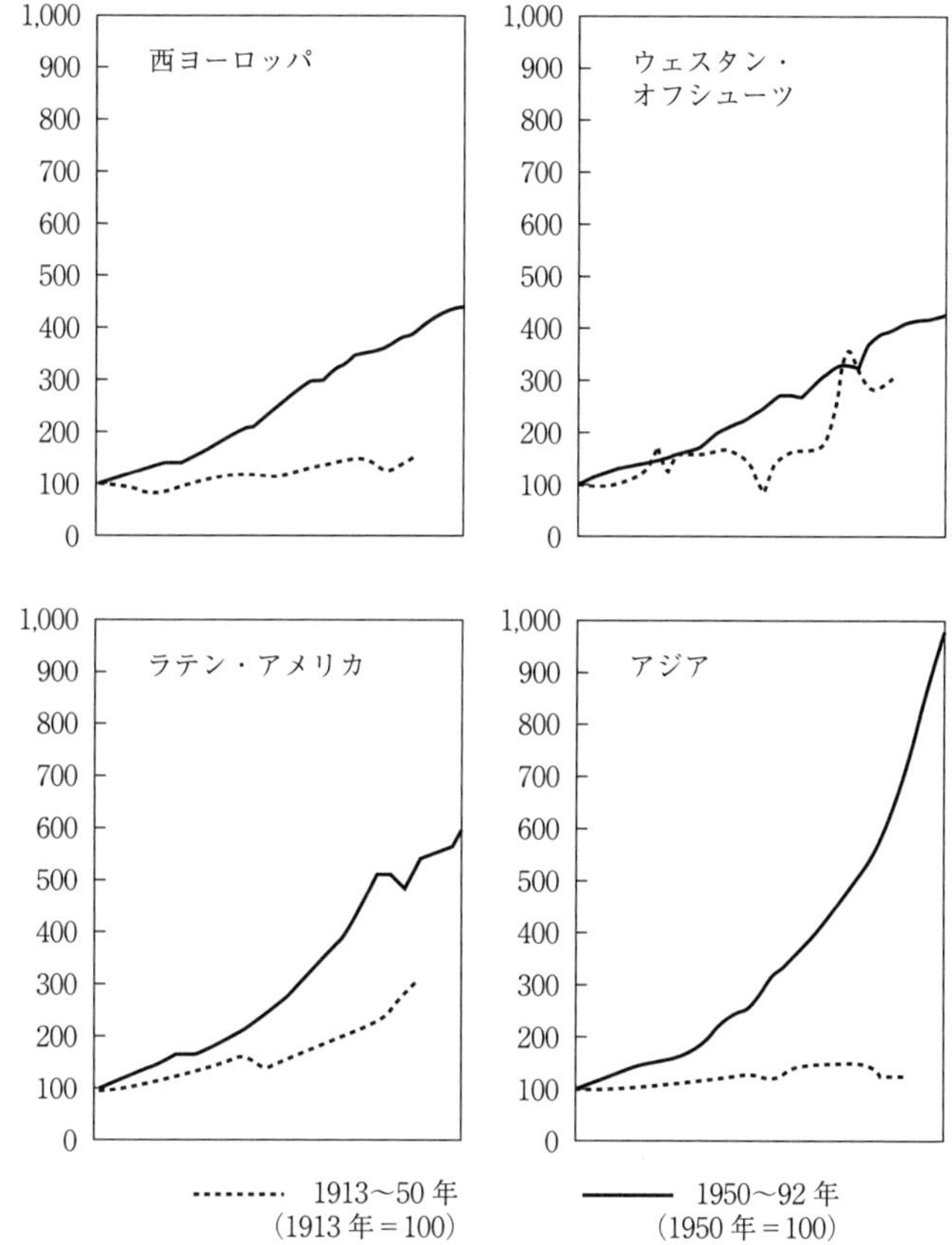

出典：アンガス・マディソン著、金森久雄監訳、『世界経済の成長史』東洋経済新報社、2000 年、73 頁。

欧米や日本が牽引してきたシステムの終焉

⊙「より速く」、「より遠くへ」展開できなくなった社会

低成長の時代は低インフレの時代でもある。ここ五年間（二〇一三〜二〇一七年）の日本のインフレ率の年平均は〇・八五%、イギリスは一・四八%、アメリカは一・三二%、ドイツは〇・九二%、フランスは〇・六三%、イタリアは〇・五七%となっている。いずれも〇・五%から一・五%の範囲で、平均は〇・九六%とほぼ一%となっている。

この間の経済成長率の年平均は日本が一・二八%、イギリスが二・二四%、アメリカが二・一七%、ドイツが一・六八%、フランスが一・一三%、イタリアが一・〇二

％で平均一・五九％。低成長、低インフレ状況にいずれの先進国もなっているということなのだ。低成長、低インフレ経済は先進各国の「成熟」の結果だということもできるのだろう。

先進各国の一人当り名目GDPは三万ドルから六万ドル。二〇一七年の数字は、アメリカが五万九五〇一USドル、ドイツが四万四五五〇USドル、フランスが三万九八六九USドル、イギリスが三万九七三五USドル、日本が三万八四四〇USドル、イタリアが三万一九八四USドルとなっている。平均は四万二三四七USドルと四万USドルを超えている。

第六図は地域別一人当りGDPの推移（一八二〇～一九九二年）だが、産業革命を経た一九世紀後半から二〇世紀は特に欧米諸国と日本にとっては高成長の時代だった。一九九〇年代には二万～三万USドル、二〇〇〇年代には三万～四万USドルと伸びていき、二〇一七年には、前述したように、先進国平均で四万USドルを超えてきたのだ。日本を含めて、先進各国は「豊かさ」を実現し、「成熟」の時代に入ってきたのだ。そして、豊かさのなかで成長率は平均一・五九％、インフレ率は平均〇・九六

%の低成長、低インフレの時代、あるいは、成熟の時代に入ってきたのだ。

成熟の時代は豊かではあるものの、低成長、低インフレで経済が大きく飛躍することは望めない。ポルトガルの格言に「今日よりいい明日はない」という言葉がある。ポルトガルが一五世紀から一六世紀に世界に雄飛し、ブラジルをはじめ多くの植民地を抱え繁栄し、いち早く成熟の域に達した国だからの格言なのだろう。

しかし、全体としての近代は「進歩」の時代であり、多くの人々は、「明日は必ず今日よりいい」と信じていたのだった。事実、産業革命以来、世界経済の成長率は高まり、西欧を中心に経済成長率は加速していったのだった。そして、**第六図**で示したように、一九世紀末から二〇世紀に人々の生活水準は急速に上昇していったのだ。

しかし、いまや、先進各国は平均四万USドルを超す一人当りGDPを実現し、豊かな時代を享受するようになってきたのだ。豊かさのなかで成長率は鈍化し、インフレ率も低下してきて、まさに、かつてのポルトガルのように「今日よりいい明日はない」という状況に入ってきたといえるのだろう。

近代資本主義は「より遠くへ」そして「より速く」進むことで展開してきたのだが、

第六図
地域別の一人当たり GDP の推移（1820～1992 年）

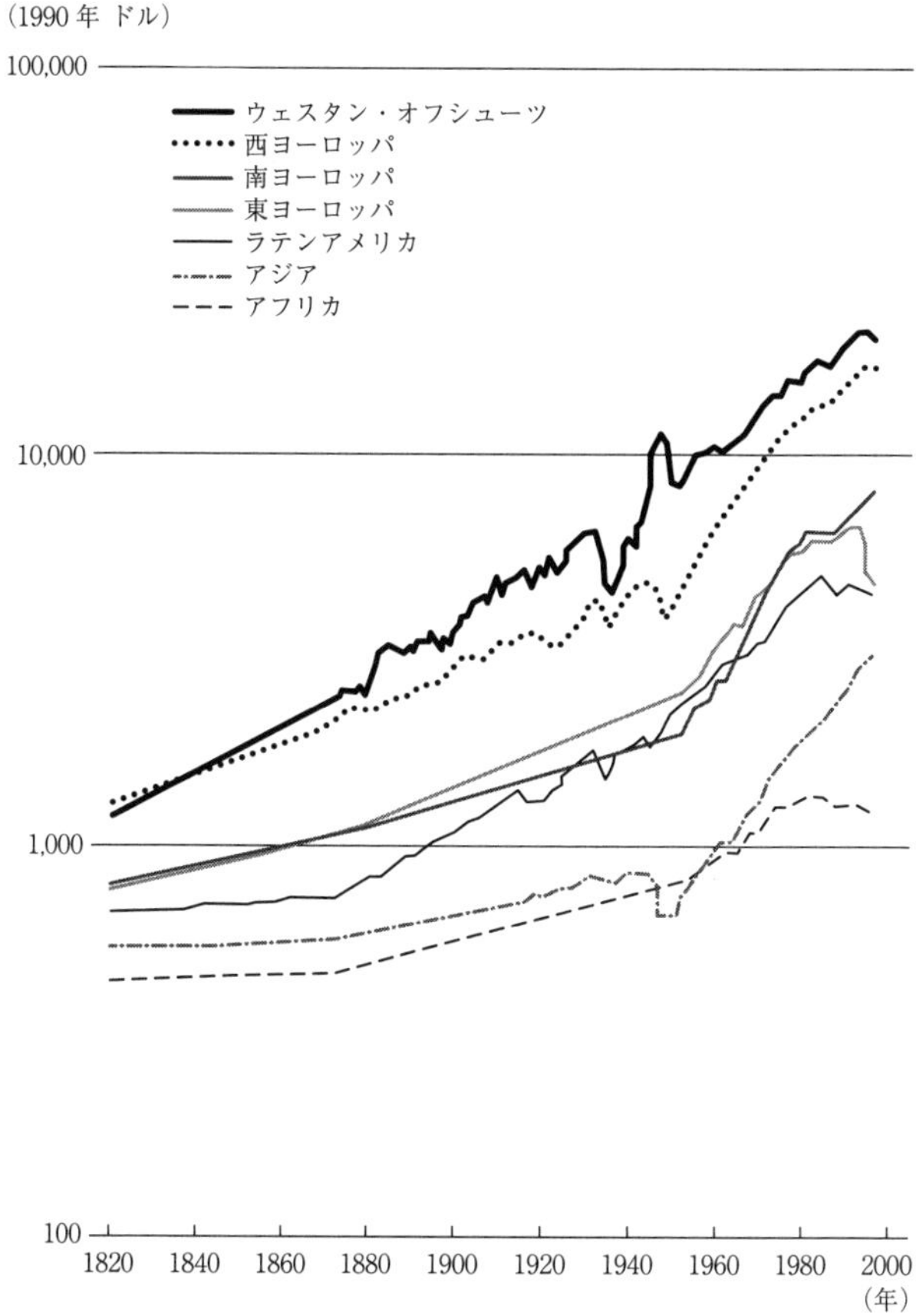

（出所）アンガス・マディソン　著『世界経済の成長史 1820～1992 年』（東洋経済新報社、2000 年）より作成

もはや、地球的にも産業的にもフロンティアは消滅し、より遠くにより速く進むことが不可能になってしまったのだ。

そして利潤率は低下し、利子率も大きく減少することになってしまったのだ。**第一図**に示したとおり、一九七〇年代から八〇年代に高騰した金利は、その後下がり続け日本の新発一〇年債の金利は二〇〇八年五月には一・七%弱だったが二〇一五年一一月にはマイナスに転じ、現在でも〇・一%を切っている。アメリカでも一〇年国債の金利は一九八〇年前後には一四%前後だったが現在は三%弱まで下がってきている。

これは世界的低成長、低インフレの状況のなかで、従来のようなインフレ懸念が弱くなったため、各国金融当局が継続的な金融緩和を実施した結果であった。リーマン・ショックによる景気後退からの脱皮をはかったアメリカの金融当局（FRB）は二〇〇九年、二〇一〇年、二〇一二年と三度にわたって量的緩和（QE1、QE2、QE3）を実施した。日本銀行も二〇一三年三月に黒田東彦元アジア開発銀行総裁が日本銀行総裁に就任し、「異次元金融緩和」と呼ばれた積極的金融緩和を実施したのだった。欧州中央銀行（ECB）も、また、二〇一二年から金融緩和に転じ、二〇一六年三月には政策金利を〇にしている。二〇一七年のインフレ率はアメリカが二・一四％とここ数年では若干上昇してきているが（二〇一三年一・四七％、二〇一四年一・六一％、二〇一五年〇・一二％、二〇一六年一・二七％）、まだ二％強。

イギリス、ドイツ、フランス、イタリア等、各国とも二〇一七年にはインフレ率が若干上昇しているものの、全般的にディスインフレーション状況だといえるだろう。

なかでもインフレ率が低いのが日本。二〇一三年〇・三四％、二〇一四年二・七六％（消費税増税の影響）、二〇一五年〇・七九％、二〇一六年マイナス〇・一一％、二〇一七年〇・四七％だった。ディスインフレーションというよりデフレーションに近い状況だったのだ。

低成長、低インフレ、そして利潤率と利子率の低下は近代資本主義がより遠くに、より速く進むことを不可能にしてしまったのだ。長い一六世紀の利子率の低下が「中世」を終わらせたように、長い二一世紀の利子率の低下も近代資本主義を終わらせようとしている。フロンティアは地理的にも産業的にも開発しつくされ、新たにこれを求めることは不可能になってしまったのだ。もちろん新興市場国であるインドやアフリカ諸国はまだまだ国内にフロンティアを抱えてはいるものの、少なくとも欧米や日本が牽引してきた近代資本主義は、一つの大きな曲がり角を迎えたといえるのだろう。

「よりゆっくり、より近く、より寛容に」というポスト資本主義社会

◉ポスト近代とはいかなる社会か

第七図は一九五六年度から二〇一六年度までの日本の経済成長率の推移。一九五六〜七三年度の高度成長期（平均成長率九・一％）、一九七四〜九〇年度の安定成長期（平均成長率四・二％）を経て日本は低成長期に入っている（一九九一〜二〇一六年度の平均成長率一・〇％）。

この二十余年はしばしば「失われた二〇年」などと呼ばれているが、必ずしも「失われた」時期ではなかったのではないだろうか。というのは、高度成長期、安定成長期を経て、日本は一九八〇年代後半には世界有数の豊かな国になったからだ。しかも

第七図
日本の経済成長率の推移

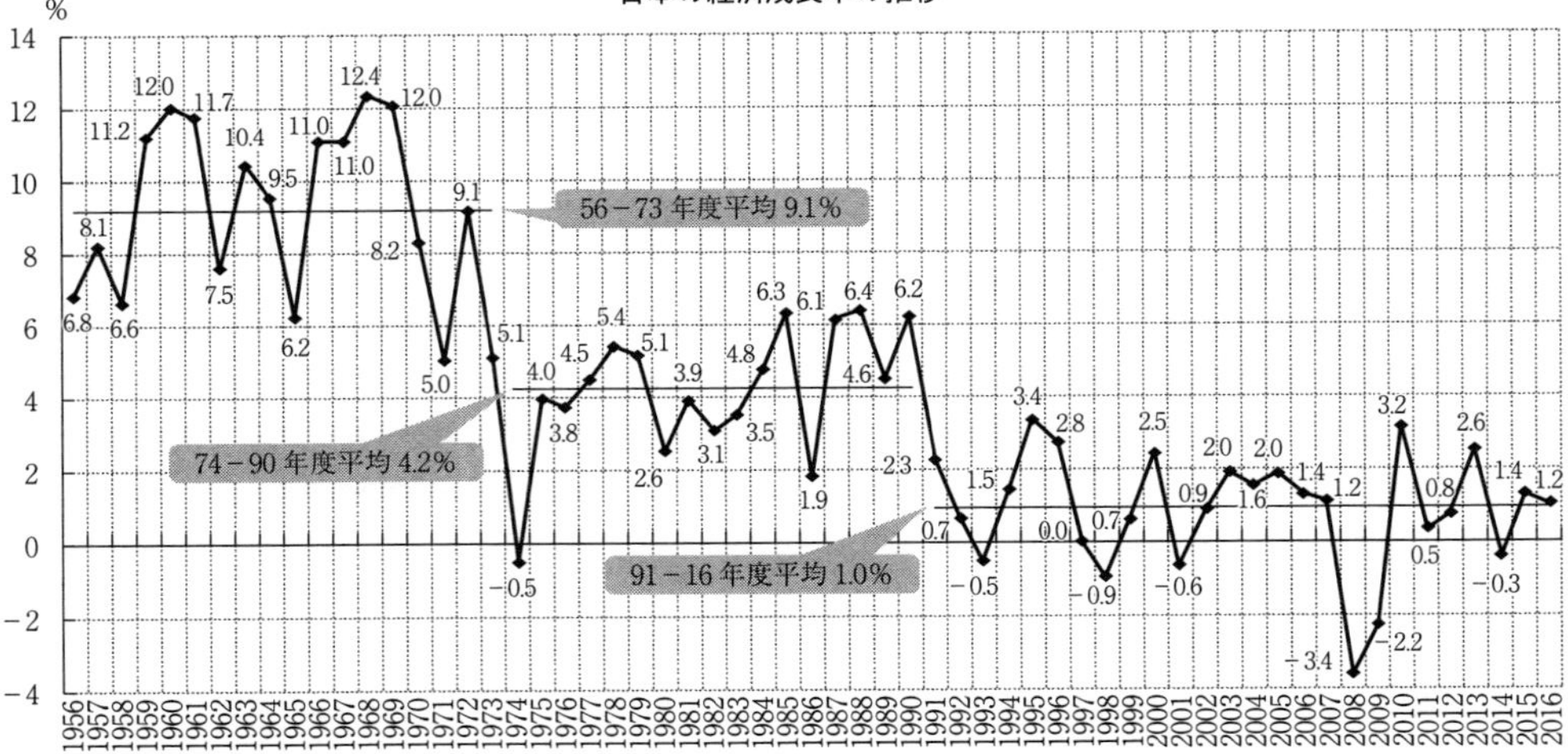

（注）年度ベース。複数年度平均は各年度数値の単純平均。1980 年度以前は「平成 12 年版国民経済計算年報」（63SNA ベース）、1981〜94 年度は年報（平成 21 年度確報、93SNA）による。それ以降は 2008SNA に移行。2017 年 10−12 月期２次速報値〈2018 年３月８日公表〉

（資料）内閣府 SNA サイト

第八図
日米の一人当り GDP の推移

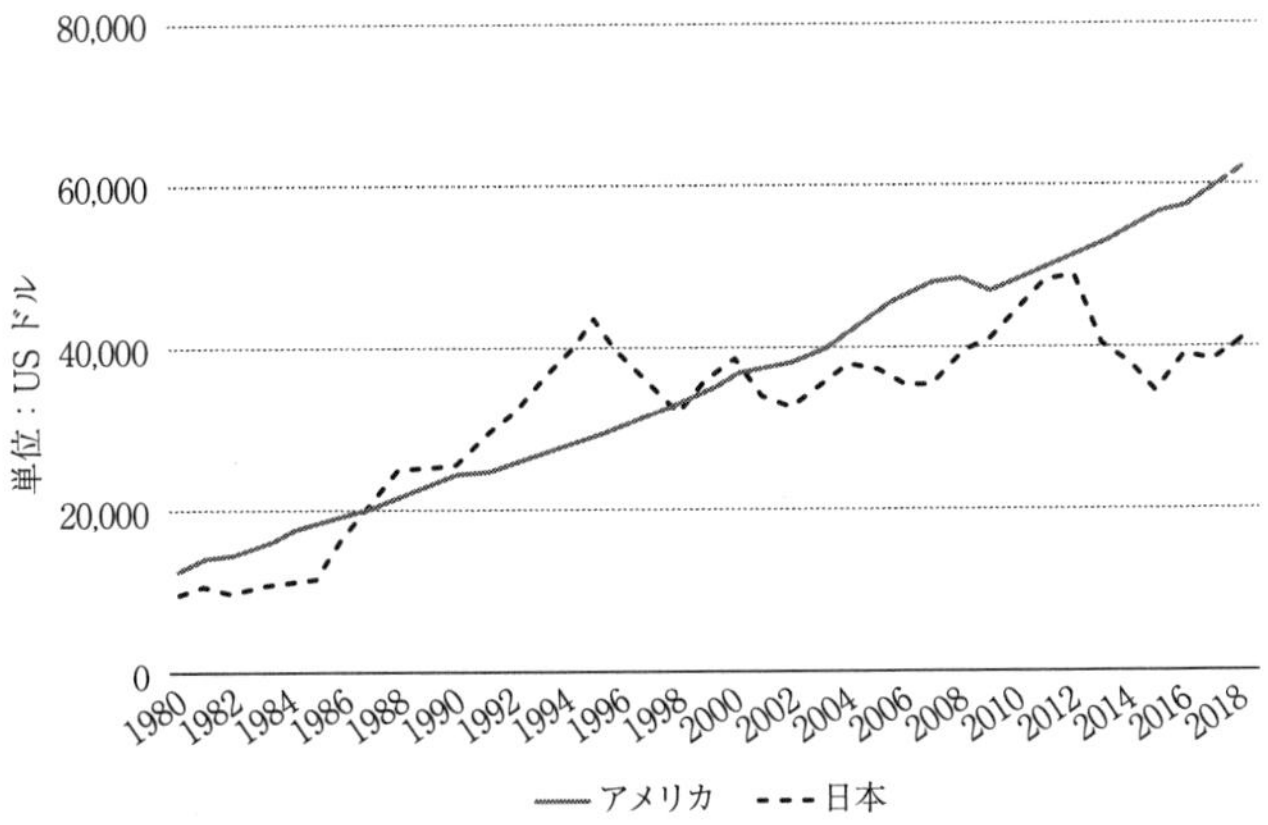

前述したように日本はアメリカに比べると格差の小さな国。日本は一人当り名目GDPで一九八七年にアメリカを抜き、その後二〇〇〇年までその状況は続くのだ。

もちろんUSドルでの比較は円ドル為替レートが影響し、この時期円高だったことがひびいているのだが、日本がこのあたりからアメリカに匹敵するような豊かな国になったのは確かなのだろう（**第八図**）。そして、日本がアメリカに比べて格差の小さな国（両端二〇％の貧富差でアメリカは八・四倍、日本は三・四倍─国連統計。世界銀行によるジニ係数はアメリカ〇・四八、日本〇・三八──ジニ係数〇は格差なし、一は一人が独占する状態）であることを考慮すると、おそらく、平均的日本人は平均的アメリカ人より豊かなのであろう。こうした状況で成長率が下がっていくのは当然のこと、そして前述したように、これは先進国共通の現象なのだ。つまり、多くの先進国ではいまや「より速く、より遠くに、より合理的に」進むことは不可能になってしまったのだ。いまや「より近く、よりゆっくり、より寛容に」進まざるをえなくなってしまったのだ。こうした意味で、近代資本主義は終焉してしまったといえるのだろう。

水野和夫は近代資本主義に取って代わるのは二一世紀の「新中世主義」ではないかと問いかけている。一九九〇年以降経済面ではゼロ金利やゼロ成長、二〇〇九年以来の日本の人口減少（アメリカを除く世界人口は二〇五八年がピークでその後減少）など、成長を前提とする近代ではなかったことだが、これらは中世では当り前のことだったというのだ。

「より近く」は地方の重要性を増し、地方分権を進めること、そして全国展開の株式会社は会社を分割して各地方の中核に本社を置き、「より近い距離」で会社をモニターするという。

「よりゆっくり」は、まず学生が社会に出るのを遅くすること。システムが機能不全に陥ったとき、一つの学問を修めただけでは、不十分。法律学、経済学、文学など少なくとも三つの学問を習得する必要があるという。学生が二二歳で社会に出るのではなく、二六歳か二八歳で就職すればいいともいう。そして、それにともなって定年も延長すべきだという。健康年齢は二〇二〇年には七一・七歳になると予想されるので、定年を七〇歳に延長すればいい、その結果年金支給額は減って、予算を若い世代に手厚くできるというのだ。

「より寛容に」については、高額所得者が税金の支払いに寛容になり、ピケティのいうような年次累進資産課税が実現できるという。

水野は二一世紀には「よりゆっくり、より近く、より寛容に」の理念に基づいた社会を構築する必要があるという。そして人文系の学問を充実することが重要だという（水野の主張については、榊原英資・水野和夫著、『資本主義の終焉、その先の世界』詩想社・二〇一五年刊を参考にされたい）。はたして、そうした社会が構築できるのか、あるいは、構築すべきなのかについて筆者は必ずしも水野と意見を一にはしない。しかし、ポスト近代、ポスト資本主義の社会がどのようになっていくのか、これから我々はモニターしていかなくてはならないのだろう。

第五章

グローバリゼーションの光と影

欧米の多国籍企業が核となったグローバリゼーションの進展

◉大航海時代に端を発する「グローバリゼーション」

世界史的に見れば、「グローバリゼーション」は大航海時代に端を発するともいわれている。大航海時代については一四九二年、クリストファー・コロンブスのアメリカ発見（実際は西インド諸島に属するバハマ諸島への上陸）や、一四九八年のヴァスコ・ダ・ガマのインドのカリカット（現在のコーリコード）到着等が広く知られている。

これを契機にポルトガルは南米大陸のブラジルやアフリカのアンゴラやモザンビーク等を植民地とした。他方、スペインは一五二一年のコルテスによるアステカ帝国の征服、一五三三年のピサロによるインカ帝国の征服により、一六世紀から一九世紀にかけて、北米南西部からブラジルを除く南米全体に及ぶ大植民地圏を維持したのだった。

アジアも、また、イギリス（インド、ビルマ、マレーシア、香港等）及びフランス（仏領インドシナ―現在のベトナム、ラオス、カンボジア）によって植民地とされたのであった。周知のように、アメリカ合衆国は一七七六年に独立戦争で勝利するまではイギリスの植民地だった。

そして、グローバリゼーションが現在のような形で進行しだしたのは一九世紀。ナポレオン戦争による国民国家の形成や、産業革命による資本主義の勃興が近代のグローバリゼーションを引き起こしたのだった。

特に、第二次世界大戦後、アメリカやヨーロッパの多国籍企業が急成長し、グローバリゼーションの核となっていった。一九九一年にソビエト連邦が崩壊したことも、欧米主導のグローバリゼーションを加速したのだ。社会主義に対する資本主義の勝利、そして資本主義の世界的拡大が起こっていった。

一九九〇年代になると、計画経済であった中国とインドも市場経済システムに移行することになった。共産党独裁を特色とする中国も鄧小平党副主席・国務院常務副経理が市場経済導入を図り（鄧小平は一九七七年に党副主席に就任、葉剣英―一九七八～八三年、李先念一九八三～八八年、楊尚昆一九八八～一九九三年、江沢民一九九三～二〇〇三年等を側面から支えた）、中国経済の近代化を実現したのだった。

インドでもナラシンハ・ラーオ首相とマンモハン財務大臣は一九九一年、「インド経済改革」と呼ばれた新政策を導入し、市場経済化を図ったのだ。改革では投資や産業、輸入ライセンスを廃止し、多くの部門で外国からの直接投資を自動的に許可したのだった。

インドの経済成長率は一九五一・五二～一九八七・八八年までは年平均三・八％だったが、一九八八・八九～二〇〇八・二〇〇九年には年平均六・六％まで上昇している。最近はさらに加速し、二〇一五年八・一六％、二〇一六年七・一一％、二〇一七年六・七四％になっている（二〇一八年はＩＭＦによる二〇一八年四月の予測では七・三六％）。

一九七九年から二〇〇八年までの年平均成長率では中国が九・八％、インドが五・八％と中国が大きくインドを上回っていたが、二〇一四年には中国を上回り（二〇一四年の中国の成長率は七・三〇％・インドの成長率は七・四一％だった。前年の二〇一三年は中国七・八〇％、インド六・三〇％と中国がインドを上回っていた）、その後も二〇一七年を除き（二〇一七年は中国六・八六％、インド六・七四％）、インドの成長率が中国のそれを上回っている。二〇一八年はＩＭＦの予測によると、インド七・三六％、中国六・五六％になっている。

グローバリゼーションがもたらす中産階級の没落

⦿グローバル経済による「帝国化」「金融化」「格差拡大」

グローバリゼーションは主権国家の国境を低くし、人、モノ、金の移動を容易にするといった点で、世界経済のさらなる成長に貢献するといった側面を持っている。少なくとも、グローバリゼーションに対応できる組織や人々にとっては、それは望ましい世界経済の展開だ。

しかし、多くの人々は必ずしもグローバリゼーションの動きについていけない。そして彼らにとってはグローバリゼーションは大きなマイナス要因になっているのだ。

水野和夫は『人々はなぜグローバル経済の本質を見誤まるのか』（日本経済新聞出版

社・二〇〇七年）のなかで、グローバリゼーションは、「帝国化」「金融化」と「格差の拡大」をもたらすと次のように指摘している。

「資本が容易に国境を越えるグローバリゼーションの時代は必然的に『帝国』と親密性を有する。一六世紀の資本は主権国家と結婚したが、二一世紀の資本は帝国をパートナーに選んだのである。経済的な『国境』が限りなく低くなり、国境内に権力を及ぼす『国民国家』の力が衰退する一方、金融帝国と化した米国や、中国、インド、ロシアなど旧帝国の台頭が著しい。」

「グローバリゼーション下では『資本の反革命』によって先進国の賃金が抑制される、ないしは低下するから、先進国ではディスインフレ、ないしデフレが定着する。金融政策は緩和基調となり、実物経済に対してマネーが膨張するから、資産価値が上昇しなくなり、先進国経済は資産価値依存症候群に陥ることになる。いわば金融経済（尻尾）が実物経済（頭）を振り回す時代になったのだ。そして近い将来、金融経済が頭になり、実物経済、すなわち雇用や生産活動が尻尾になる可能性が高い。雇用が尻尾になるということは『中産階級の没落』が始まることを意味する。」

「近代は国民に均質であることを要求したが、グローバル経済の時代には国家単位の均質性は消滅する運命にある。日本に即していえば『一億中流意識』の崩壊であり、格差拡大の時代の到来である。格差は構造問題となり、景気回復では解決できない。だから、政策や成長を目指せば目指すほど時代の流れから取り残される人が増え、人々の将来への不安が高まる。その結果、将来に備えることよりも毎日の生活の充実を優先する刹那主義が蔓延し、いっそう『少子化』が進むことになる。九〇年代から現代に至るまで、政策の基本には『インフレ（成長）がすべての怪我を治す』（近代の基本原理）という発想があった。皮肉にもこの成長至上主義が、戦後最長の景気回復下で国民の閉塞感を強めてきている大きな理由である。この原理は近代化ブームに沸くBRICsでは通用するが、ポスト近代に移行した先進国では弊害ばかり大きくなる。」

「二一世紀の最大の勝者は、国境を越える巨額の資本や、『超国家企業』であり、敗者は容易に国境を越えることのできない先進国のドメスティック経済圏企業や中流階級である。視点を変えれば、近代の仕組みに拘泥する超低金利国が敗者となり、近代と決別できた国が高金利国となって勝利するのだ。」

つまり、グローバリゼーションは中産階級をベースにした近代資本主義を終焉させ、ポスト近代は「金融帝国」が支配するなかで、格差が拡大し、経済、社会が大きく不安定化するというのだ。

事実、格差は世界的に拡大しており、フランスの経済学者トマ・ピケティは「ヨーロッパや日本では今（二〇一四年）、二〇世紀初頭と同じレベルまで格差が広がっている。格差のレベルは、第一次世界大戦より以前の水準まで逆戻りしている」と指摘している（トマ・ピケティ著、『二一世紀の資本』みすず書房・二〇一四年）。

そして、日本の相対的貧困率は一九八五年以来上昇しており、一九八五年一二・〇%、一九九一年一三・五%、二〇〇〇年一五・三%、二〇〇九年一六・〇%、二〇一二年一六・三%、二〇一五年一五・六%となっている。同じように所得格差を示すジニ係数も上昇しており、二〇一四年には〇・五七〇四と過去最大を更新している（二〇〇二年は〇・四九八三、二〇〇五年には〇・五二六三、二〇〇八年には〇・五三一八、二〇一一年には〇・五五三六——ジニ係数〇は格差なし、一が格差最大）。

◉先進各国で進む格差の拡大

実は、世界的に見ると絶対的貧困率は低下しており、世界銀行は二〇一五年には世界の最貧困者の数が世界人口の一〇%を下回るだろうと発表している。一九九〇年に三五・三%あった絶対的貧困率は二〇一三年には一〇・七%まで下がっている。

ただ、絶対的貧困があまり大きな問題でない先進国では平均に比べて、所得下位一〇%、あるいは二〇%がどれだけ低いかが問題になるので、その指標として相対的貧困率が使われるというわけなのだ。そして相対的貧困率はアメリカ、イギリス、ドイツ、フランス、イタリア等先進各国で上昇している。

つまり、絶対的貧困は少なくなっているものの、相対的貧困率、格差は拡大しているということなのだ（たとえば、アメリカの相対的貧困率は一九八八年には一三・〇%だったが、二〇一〇年には一五・一%まで上昇している）。

日本は、たしかに、相対的貧困率は悪化しているが、アメリカやイギリスに比べると、まだまだ「平等」な国だということができる。日本の場合、終身雇用制と年功序

第九図
所得水準と貧富の格差の相関図
（人口3000万人以上の国）

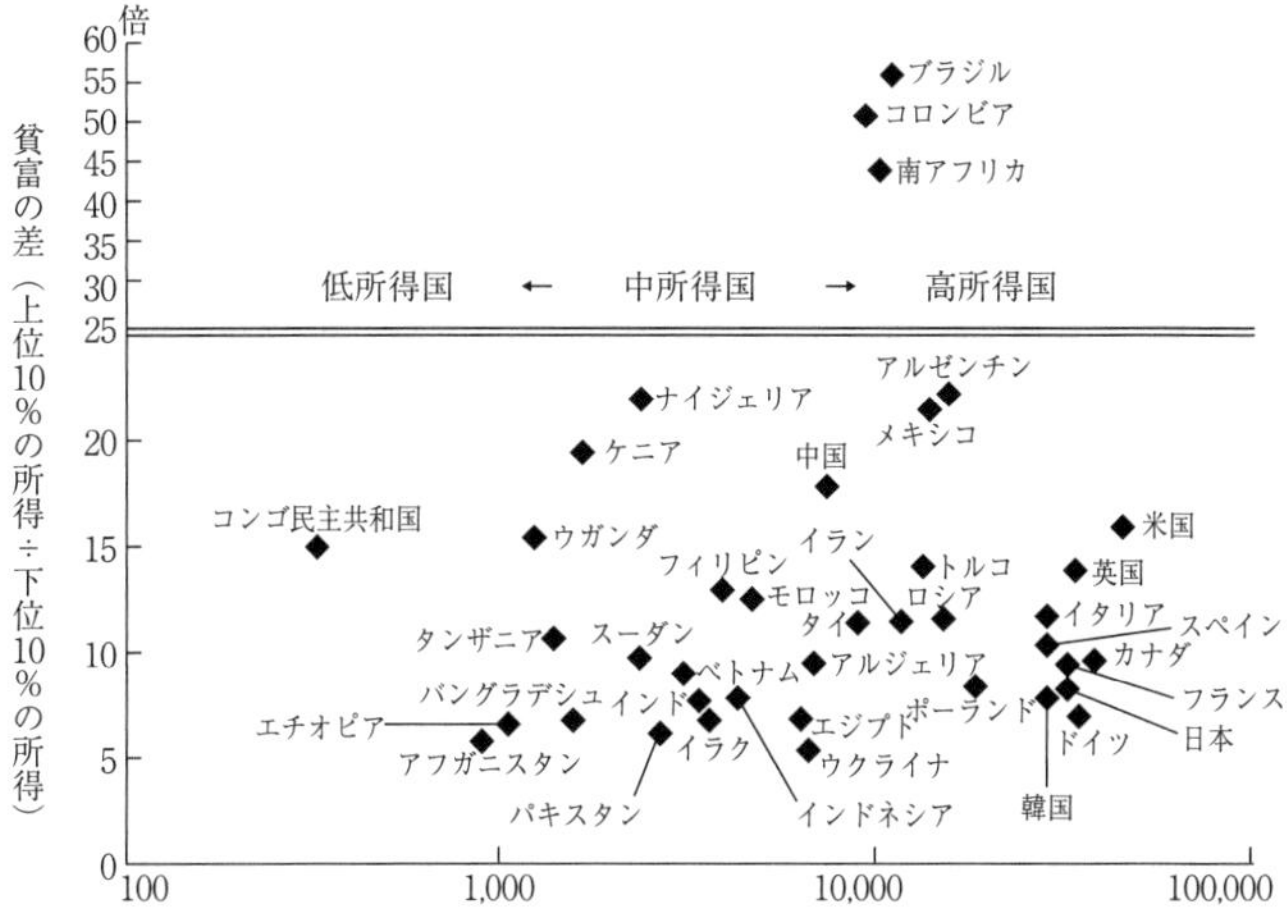

出典：世銀（WDI）、IMF ほかより

列賃金がそこそこ維持されているため、若いうちは賃金が低く、定年に近づくにつれ賃金は上昇していく。つまり、年齢による所得格差が大きく、それが相対的貧困率のデータに反映されてしまうのだ。

　この問題を回避するため、貧富の差を上位一〇％の所得を下位一〇％の所得で割ったものを示してみると**第九図**のようになり、日本は八・四で六・九のドイツと九・一のフランスの間に位置し、アメリカの一五・九を大きく下回るのだ。つまり、日本は先進国のなかで、ドイツ、フラ

第一〇図
正規雇用と非正規雇用の推移

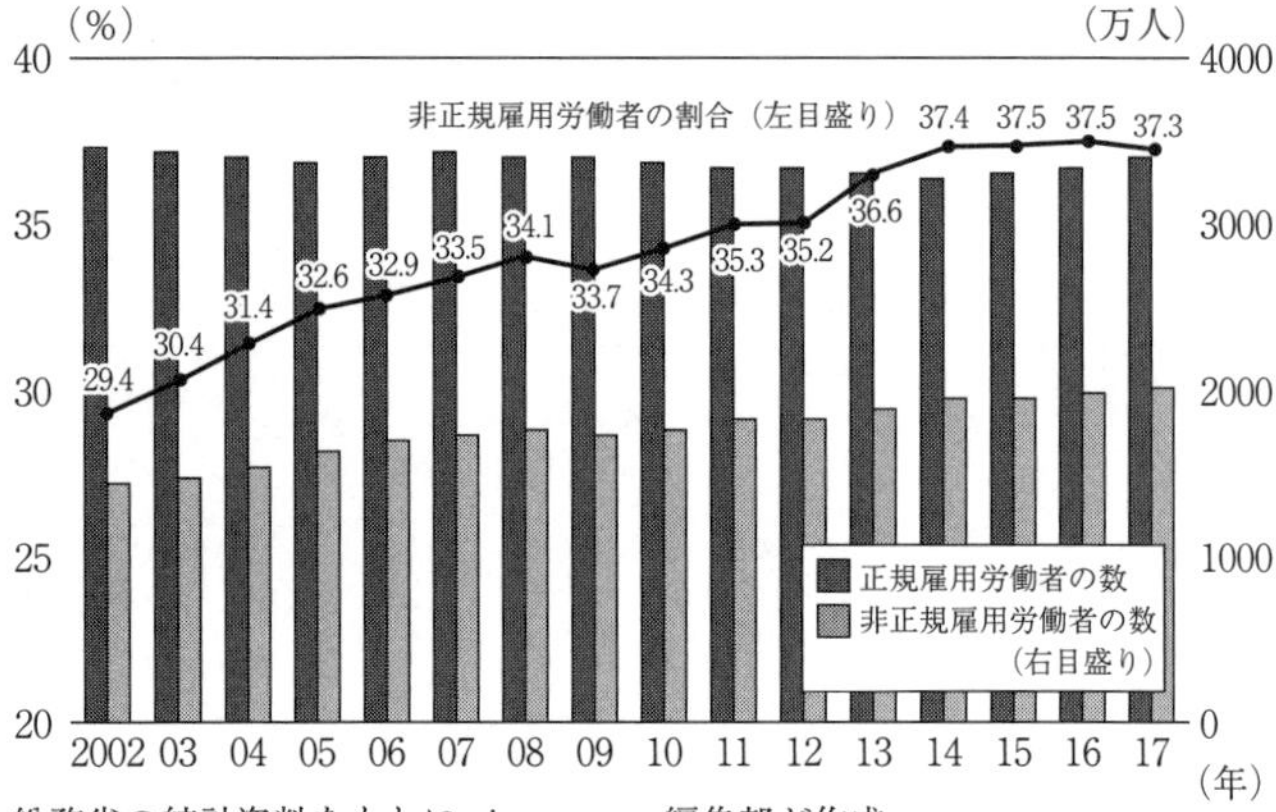

総務省の統計資料をもとにnippon.com編集部が作成

ンス、カナダなどと並んで最も格差の小さな国なのだ。ただし、グローバル化やＩＴ化の影響もあって、経済的な不平等は、前述したように、世界的に拡大してきている。日本は所得分配はいまのところドイツやフランス等の西ヨーロッパ諸国とともに比較的平等だが、格差は次第に拡大傾向にある。

日本の格差の拡大は、たとえば、非正規雇用の拡大にもはっきり示されている（**第一〇図**）。一九九〇年には非正規雇用は二〇・〇%だったのが、二〇〇三年には三〇%を超え、二〇一七年には三七・三%まで増大しているのだ。非正規率は

第一一図
日本のサラリーマンの平均年収

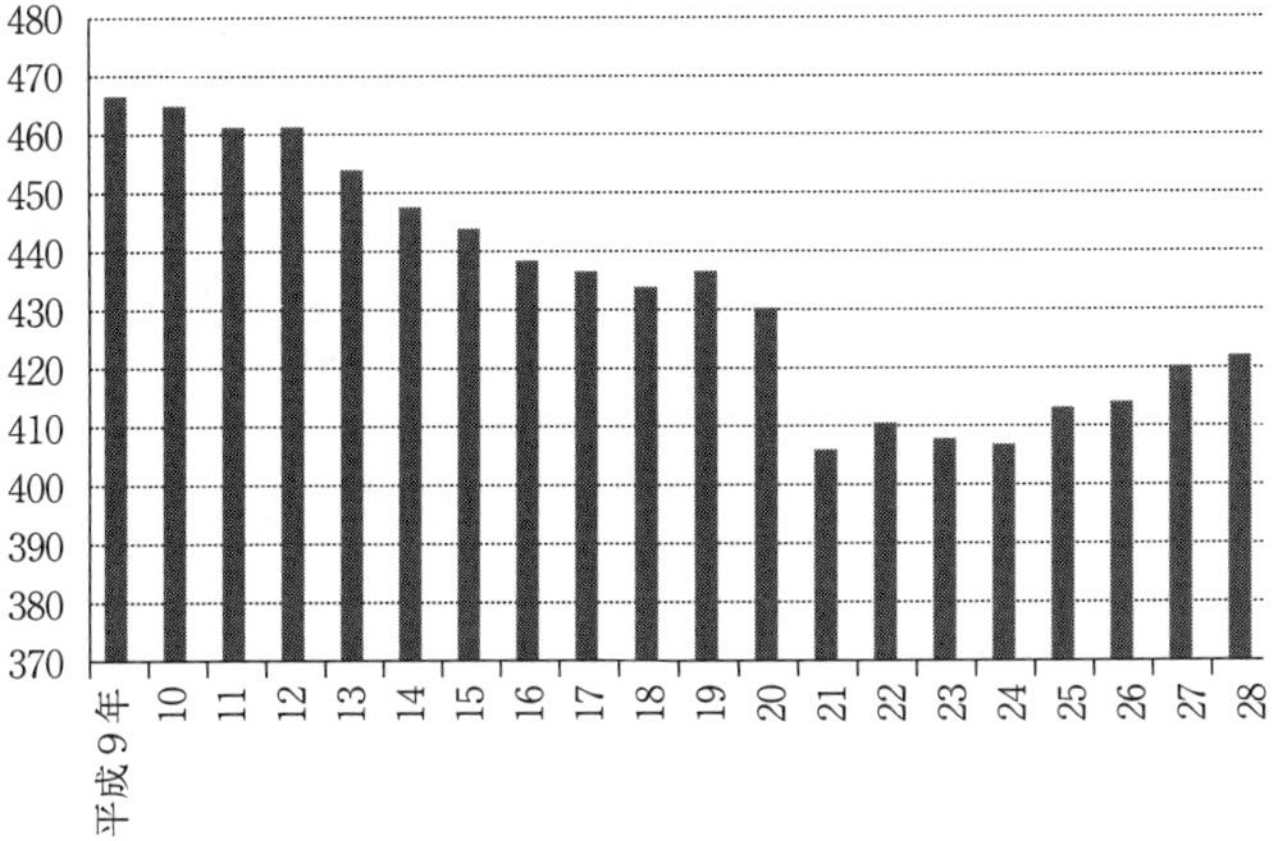

この三〇年弱で二倍近くにまで上昇してしまったのだ。

そして、非正規雇用比率の増大ということもあって、日本のサラリーマンの平均年収は一九九七年をピークに（一九九七年は四六七万円）減少に転じている（**第一一図**）。二〇一六年（平成二八年）には四二一・六万円とピークから一〇%下落している。こうした状況は先進国はほぼ同様で、アメリカでも男子正社員の平均給与額は一九七〇年代はじめからほぼ五万USドル弱（インフレ調整後）とあまり変わっていない。

しかも、アメリカは格差が大きく、ト

第一二図
アメリカのトップ１％の所得シェア

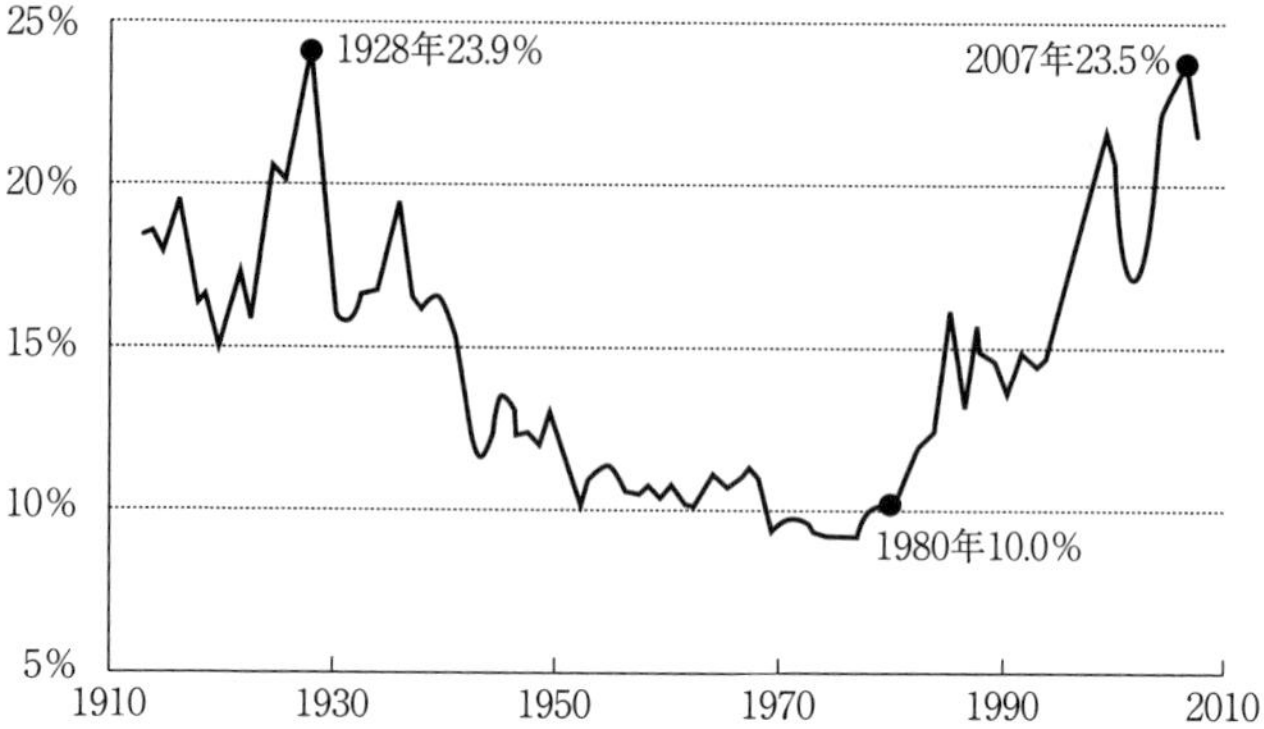

（出典）　フォーリン・アフェアーズリポート（2011 年 11 月号）ほかより
アメリカのトップ１％が持つ富は、2007 年に全体の 23.5%へと急激に増加。世界大恐慌の直前、1928 年の 23.9%とほぼ同じ水準になってきた。

ップ一%の所得シェアは二〇一〇年で全体の二〇%を超えている（**第一二図**）。また、ストック・オプション等の影響もあって、CEO上位一〇〇人の報酬と一般労働者の比率は実に八〇〇倍近くにもなっているのだ（**第一三図**）。日本の上場企業の平均給与は約六〇〇万円。大企業の社長の平均年収は五六〇〇万円強。全体の平均給与の九倍強で、アメリカと比べると極めて平等な給与体系になっている。格差が拡大してきているとはいえ日本はまだまだ平等な国だということができるのだろう。

第一三図
CEO 上位 100 人の報酬と一般労働者の
平均報酬の比率（1970〜2006 年）

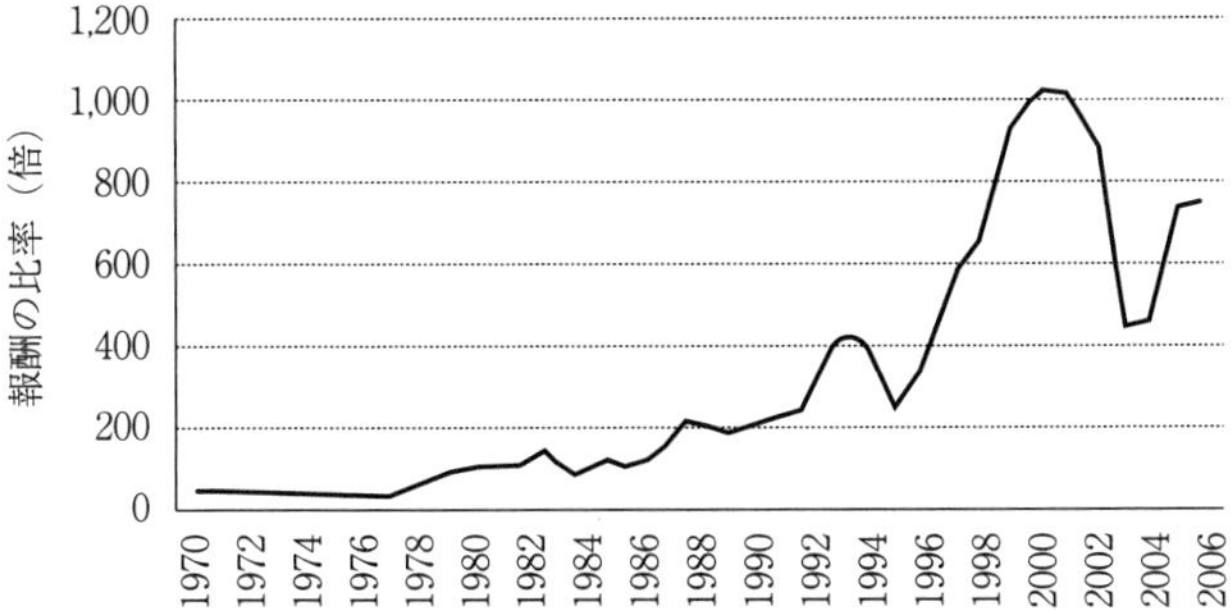

（出典）　ジェフリー・サックス著　野中邦子・高橋早苗訳『世界を救う処方箋』（早川書房、2012年、P29）より

1970年代の初め、アメリカを代表する企業のCEOの平均報酬は120万ドル、一般労働者の平均給与の40倍だった。それが2006年には800倍近くにも達した。

第六章

統合から分裂へ向かう世界

ヨーロッパに広がるナショナリズムの高揚

◉大衆化し、国民受けをねらった政治の登場

グローバリゼーションの展開は、それまで主権国家中心に動いてきた世界の流れを大きく変えることになる。主権国家の中心にいたのは中産階級で、この分厚い中産階級が国を支え続けていたのだった。しかし、グローバリゼーションの進展は中産階級を分解し、場合によると、崩壊させることになる。グローバリゼーションをうまく利用し、自らのプラスにしていくグループと、グローバリゼーションについていけず下層化するグループに分かれることになってしまうのだ。

そして、政治のターゲットも中産階級の崩壊とともに多様化せざるをえなくなって

しまうのだ。いわゆるポピュリスト政治の登場だ。自らの基盤が崩れていくなかで、不安感をつのらせる国民に対し、新たな攻撃目標等を提供し、政治を大衆化しつつ国民受けをねらう動きが次第に活発化していく。一つの大きな流れはナショナリズムの高揚だということができるのだろう。そして、欧州連合（EU）諸国の場合、それがEU離脱という動きにもなってきている。

イタリアではEU離脱を主張するポピュリスト政党「五つ星運動」が総選挙で上院、下院とも第一党となり、反移民を掲げる右派政党「同盟」と連立政権樹立で合意したのだった。上院では五つ星運動と同盟で一六七議席（上院総数三二〇議席）、下院では両者で三四七議席（下院総数六三〇議席）と両院で過半数を占め、首相としてフィレンツェ大学のジュゼッペ・コンテ教授を指名したのだった。前述したように、五つ星運動はEU離脱を公約としてきたが、政権獲得とともにこの主張をトーンダウンしている。

ドイツでは、やはりEU離脱を主張する政党「ドイツのための選択肢」が二〇一三年に結成され、連邦議会で九四議席を獲得している（連邦議会の総数は六三一）。この選挙（二〇一七年九月二四日）では、メルケル首相率いるキリスト教民主・社会同盟（ＣＤＵ・ＣＳＵ）と社会民主党（ＳＰＤ）が議席を減少させ、メルケル首相はＣＤＵ・ＣＳＵとＳＰＤの連立に踏み切り、ドイツ大連立政権が二〇一八年三月に発足している。

フランスでは二〇一七年五月七日、大統領選挙が行われ、エマニュエル・マクロン元経済産業デジタル相が圧勝し、三九歳、史上最年少の若さで、大統領に就任した。決選投票でのマクロン氏の得票率は六六％と対立候補のマリーヌ・ルペン氏の三四％を大きく上回った。引き続き、二〇一七年六月一八日に行われた下院、国民議会選挙でもマクロン大統領率いる「共和国前進」（ＲＥＭ）が過半数を超える三〇八議席を獲得（全議席五七七）し、大きな勝利をおさめた。大統領選の決戦投票でマクロン大統領と戦ったマリーヌ・ルペン氏の「国民戦線」（ＦＮ）は、わずかに八議席を獲得するにとどまった。

いまのところ、フランス政局はマクロン大統領のもとで安定しているが、ルペン氏もこのところ急速にその支持を伸ばしてきている。その背景には「反移民」「反ＥＵ」

を訴えるルペン氏に対し、難民問題に悩む多くの国民が共鳴しているからだと思われる。

イギリス国民が、当時の首相ディヴィド・キャメロンの強い残留要請にもかかわらず二〇一六年六月の国民投票でＥＵ離脱を選択したのは（国民投票で離脱賛成五一・八九％、残留賛成四八・一一％）、難民問題が最大の理由だとされている。周知のように、ＥＵ内では、モノ、ヒト、カネの流通は自由。難民を含めて多くの人々がイギリスへ流入したのだった。移民による就業機会の減少や犯罪等の混乱を危惧したイギリス国民が、流入を阻止すべくＥＵ離脱を選択したのだった。

そして、前述したドイツのための選択肢もフランスの国民戦線も、反移民を掲げ、ＥＵ離脱を主張してきたのだ。当面、フランスやドイツがＥＵを離脱する可能性は極めて低いが、イギリスについで、ドイツ、フランスでもＥＵ離脱の動きが強まってきたことは事実としてはっきり認識しておく必要があるのだろう。

ＥＵは第二次世界大戦後、手を結んだドイツとフランスが主導し、戦後、次第に統合を進め、一九九三年のマーストリヒト条約によって設立されたもの。単一通貨のユーロ創設と三つの柱構造（欧州共同体の柱、共通外交・安全保障の柱、司法内務協力の柱）の導入が規定されたのだった。

ユーロはドイツ、フランス、イタリア等の欧州主要国一五ヵ国によって一九九九年一月一日に導入され、その後、ギリシャ（二〇〇一年）、スロベニア（二〇〇七年）、キプロス（二〇〇八年）、マルタ（二〇〇八年）、エストニア（二〇一一年）、ラトビア（二〇一四年）、リトアニア（二〇一五年）等が参加し、現在一九ヵ国がユーロを自国通貨としている。また、従来からの通貨同盟によって、相手国がユーロを導入したことでユーロを法定通貨とした国が六ヵ国ある（アンドラ、コソボ、モナコ、モンテネグロ、サンマリノ、バチカン）。

イギリスとデンマークはマーストリヒト条約によって例外とされユーロ導入を求められていない。また、二〇〇四年以降EUに参加したエストニア、キプロス、スロバキア、スロベニア、チェコ、ハンガリー、ブルガリア、ポーランド、マルタ、ラトビア、リトアニア、ルーマニアの一二ヵ国については収斂基準を満たせばただちにユーロを導入することとされている。すでに、キプロス、マルタ、スロベニア、スロバキア、エストニア、ラトビア、リトアニアの七ヵ国についてはユーロが導入されている。チェコ、ハンガリー、ブルガリア、ポーランド、ルーマニアの五ヵ国については、いまのところユーロ導入の見通しはたっていない。また、スウェーデンについてはEU側はスウェーデンに対しユーロ導入を強制する意図はないことを明らかにしている。

EUと共通通貨ユーロ。密接に関連しているのだが、EU離脱の動きが高まっている割には、ユーロについては自国通貨への回帰という動きはほとんど起こっていない。ヨーロッパの統合と分裂の苦悩、また、その複雑さが、ユーロとEUをめぐる動きのなかにも透けて見えるようである。

ポピュリズムの波に乗った
トランプ大統領の出現

◉功を奏したアメリカ製造業復活の訴え

「アメリカ・ファースト」を掲げるドナルド・トランプ米大統領も、うまくポピュリズムの波に乗ったということもできるのだろう。共和党の予備選挙でトランプ候補は二四七二の代議員のうち一七二五人を獲得したが、その中心は南部のフロリダ州やノースカロライナ州、それに中西部のミシガン州、ケンタッキー州等。ニューヨーク州やカリフォルニア州では勝てていない。彼の対立候補だったテッド・クルーズにテキサス州、カンザス州で敗れている。

本選挙では民主党の候補、ヒラリー・クリントンと戦ったのだが、カリフォルニア州やニューヨーク州ではヒラリー・クリントンに大差で敗れている（カリフォルニア州、クリントンの得票率六一・七三％、トランプ三一・六二％、ニューヨーク州のクリントンの得票率五八・四〇％、トランプの得票率三六・一五％）。トランプが勝利したのは、フロリダ州、アーカンソー州等の南部とミシガン州、ミズーリ州、オハイオ州、オクラホマ州等の中西部だったのだ。

「アメリカ・ファースト」のスローガンが、製造業を抱え、その弱体化に悩む南部や中西部の諸州にアピールしたのだった。周知のように、全米全体の得票率ではヒラリー・クリントンが四八・〇四％とドナルド・トランプの四五・九五％を上回っていたのだった。しかし、トランプはミシガン州、ウィスコンシン州、オハイオ州等の中西部諸州とフロリダ州、テキサス州、ノースカロライナ州等の南部をおさえ、選挙人の数では三〇四人を獲得し、クリントンが獲得した二二七人の選挙人を上回り、大統領選挙を制したのだった。

　まさに、ドナルド・トランプ大統領の「作戦勝ち」だといえるのだろう。製造業をベースにする中西部に焦点を絞り、「アメリカ・ファースト」「バイ・アメリカン」というスローガンを打ち出したのだった。

たとえば、ミシガン州は自動車製造の中心であるデトロイトを抱え、まさにトランプのスローガンに強く反応したのだった。現在、アメリカ経済はサービス業中心（国内経済の約七割）、製造業は一割強にすぎない。その製造業を復活させ、中西部を再びアメリカ経済の中心を担う地域にしたいというのだ。そして、アメリカ製造業復活のため、中国をターゲットに中国からの輸入を抑制しようというのだ。

トランプ大統領は二〇一七年一一月八〜九日に中国を訪問、習近平国家首席と会談している。中国側は航空機や高度生産技術・生命科学など一九項目の輸入を約束、約九〇億USドルの商談がまとまっている。中国としてもアメリカとの対決を避け、貿易戦争を回避することが重要だと考えたのだろう。

そして、このところ、トランプ大統領の支持率は上昇してきている。二〇一八年二月二七日のラスムッセン社（アメリカの調査会社）の世論調査では五〇％がトランプ支持、不支持の四八％を上回った。二〇一七年六月に五〇％だった支持率はその後下落し、一時三〇％台にまで下がったが、二〇一七年の暮以来上昇し、五〇％にまで戻したのだ（オバマ前大統領の第一期目の同時期の支持率が四三％だったのと比較すると、五〇％はかなりいい数字だということができるのだろう）。

おそらく、その最大の原因はアメリカ経済が好調なこと。二〇一七年は二・二七％の成長率、二〇一八年も二・九三％で成長すると予測されている（二〇一八年の予測はＩＭＦによる二〇一八年四月時点の推計）。日本は二〇一七年一・七一％、二〇一八年一・二一％とされているので、日本よりかなり高い数字だ。ＩＭＦの最新「世界経済見通し」（二〇一八年四月）によると、先進国全体の成長率は二〇一七年二・三％、二〇一八年二・五％だが、アメリカが最も高く、前述したように、二〇一七年二・二七％、二〇一八年二・九三％と、ユーロ圏の二〇一七年二・三％、二〇一八年二・四％、イギリスの二〇一七年一・八％、二〇一八年一・六％をかなり上回っている。先進国グループではアメリカが最も好調ということなのだ。

二〇一七年、一八年は新興国も好調。二〇一六年には資源価格の下落により、ロシア、ブラジル等の資源輸出国はマイナス成長だったが（ロシア、マイナス〇・二％、ブラジルマイナス三・五％）、二〇一七年には資源価格が反騰したため、ロシアは一・五％、ブラジルは一・〇％のプラス成長を達成した。二〇一八年は二〇一八年四月のIMFの見通しによると、ロシア一・七％、ブラジル二・三％になっている。二〇一七年、中国は六・九％、インドは六・七％だが、二〇一八年には逆転して、インドが七・四％、中国が六・六％と予測されている。

中国が次第に年平均一〇％に近い高度成長期から六％台の安定成長期に移行しているのに対し、インドは逆に成長率を高めていっているのだ。二〇一四年にインド人民党（BJP）の党主としてインド首相に就任したナレンドラ・モディ（二〇〇一～二〇一四年はグジャラート州首相）は製造業の発展促進、農業政策の強化、国内経済の回復促進等を軸とするいわゆるモディノミックスを展開し、成長の加速を図っている。モディ首相は全国一律の物品、サービス税（GST）を導入し、各州ごとに税制等が異なっていた状況を全国一律のものにすべく「改革」を進めている。GSTの導入は〇・九～一・七％ほどGDPを押し上げるともいわれている。インド独立後最大の税制改革ともいわれるGSTの導入に対する期待は大きい。

インド経済は二〇〇八年から二〇一三年まで一〇％前後の高いインフレ率を経験し

ていたが、二〇一三年九月四日、ラグラム・ラジャンが中央銀行（ＲＢＩ）総裁に就任し、積極的なインフレ対策に取り組み、二〇一四年以降、インフレ率を五％前後にまで低下させている（二〇一七年三・六〇％、二〇一八年のＩＭＦの予測は四・九六％）。ラジャン総裁は二〇一六年九月に退任し、現在、アメリカのシカゴ大学で教鞭を執っている。現在は当時副総裁だったウルジット・パテルが総裁に就き、ラジャン路線を継承するとしている。インドのインフレ率は二〇一八年若干上昇すると予測されているが（二〇一八年のＩＭＦによる予測は四・九六％、二〇一七年は三・六〇％）、それでもかつての一〇％より大きく下落している。

インフレ率の低下は新興国を含めて世界的な傾向でもある。高度成長から安定成長に移行しつつある中国でも、最近は二％前後のインフレ率になっている（二〇一四年一・九九％、二〇一五年一・四四％、二〇一六年二・〇〇％、二〇一七年一・五六％、二〇一八年予測―ＩＭＦによる―二・四八％）。次第に成長率が低下するにつれ、低成長、低インフレの状況が先進国でも新興国でも現出してきているのだ。

世界経済が次第に新興国を含めて「成熟」してきているといえるのだろう。もちろん、新興国は先進国に比べ成長率は高いが、前述したように、中国はかつての一〇％成長から六％前後に成長率を低下させ、大国のなかで最も成長率の高いインドでも二〇一〇年前後の一〇％成長から次第に七％前後まで成長率が収斂してきているのだ。

他方、先進国は名目で二％前後、実質で一％前後までGDPの成長率は下がってきている。二％成長、一％インフレが先進国の平均だということができるのだろう。低成長、低インフレの状況が次第に定着していくなかで、かつてのような「進歩」や「発展」は見込めなくなった。まさに、「今日よりいい明日はない」という状況のなかで、政治は将来の夢を訴えることが次第にできなくなり、ポピュリズムに傾斜していくことになってきている。前述したように、難民問題等を契機に次第にナショナリズムの気運が高まり、ヨーロッパでは反EU、アメリカではアメリカ・ファーストといった政策がとられるようになってきているのだ。

◉EUにとどまりながらも、各国の権力を強めようとする動き

ポピュリズムというと、かつてはイタリアのファシズム運動、ドイツのナチズム、

アルゼンチンのファン・ペロン政権等が既存のエリート層である大企業、外国資本、社会主義者、あるいはユダヤ人等に強く反発して大衆に対して自国の雇用や労働条件の改善等を直接訴えた動きが指摘される。

事実、ドイツ経済はアドルフ・ヒットラーの経済政策で金融恐慌から脱し、一九三七年にはほぼ完全雇用を達成したのだった。ドイツ国民がヒットラー政権を支持したのは、政権の経済政策が成功し、ドイツ経済が活性化したことが大きかったのだ。ドイツの失業者は一九三二年には五五八万人に達していたが、一九四〇年には四万人にまで減少し、完全雇用状況になったし、名目賃金も一九三二年に比べ一九四〇年には三割近く上昇したのだった。

政府によるアウトバーンの建設、「国民車」構想等によって、重工業、化学工業等が育成されていったのだ。少なくとも、当初は、ヒットラーは合法的に権力を掌握したのだった。一九三三年一月三〇日、パウル・フォン・ヒンデンブルグ大統領がヒットラーをワイマール憲法下における第一五代首相に任命したのだった。そして、ヒットラーの経済政策によってドイツ経済は恐慌から脱し、大きな飛躍をとげたのだ。まさに、ヒットラー政権は大衆によって支持されたポピュリズム政権だともいうことができるのだろう。

そして、いま、再び難民問題等を契機に、ナショナリズムの気運が盛り上がり、前述したように、EU離脱の動きが各地で起こってきているのだ。前述したドイツのための選択肢はネオ・ナチズムとは一線を画しているが、「右派」であることはまちがいなく、反難民、反イスラム、反ユーロという明確な選択肢を示しその勢力を拡大してきているのだ。

イタリアでも「五つ星運動」の勝利で混乱が続いており、再選挙の計画が進んでいるという。五つ星運動は、当初、ユーロ離脱を公約としてきたが、ユーロ離脱の是非を問う国民投票は最後の手段だとその主張をトーンダウンしている。

フランスの国民戦線（FN）も、また、当初のユーロ離脱の公約を事実上とり下げている。マリーヌ・ルペン党主の参謀のニコラ・ベFN事務局長は最近、「私たちはユーロ離脱を推進しない。各国のアイデンティティが生きている欧州を望むだけだ」と主張している。

ＥＵ離脱は必ずしも選択しないものの、ＥＵの力を弱め、各国のナショナル・アイデンティティをより前面に出そうということなのだろう。かつて、反ＥＵと反難民を政策の両輪としていたポピュリスト政党は、次第に政権が近づく、あるいは、政権への影響力が増すにつれ、その路線を穏健化し、ＥＵにとどまりながら、各国の相対的権力を強めるという方向に政策転換してきているのだということができるのだろう。

同質性の非常に高い日本の特殊性

⦿昭和期以外あまり見られない日本のナショナリズム

日本のナショナリズムという命題はかなり微妙だ。というのは、日本はヨーロッパと違って統合されたこともなく、また、歴史上、他国に侵略されたこともない。第二次世界大戦後七年間の占領期間はあったものの、その間でも、間接統治で日本側は内閣を組織していた。もちろん、明治以降「超国家主義」などと呼ばれるウルトラ・ナショナリズムの傾向は若干あったものの、日本が他国に対して、独立した国家だと主張する場面はほとんどなかったといってもいいのだろう。

江戸時代は藩が相対的に独立していたが、他方、幕府や朝廷があり、日本はネイシヨンとして一つにまとまっていたということができるのだろう。そして、この状況は古代から続いており、その象徴が「万世一系」の天皇の存在だということができるのだろう。日本は明治維新まで対外戦争は三度しかしていない。六六三年の白村江の戦い、一二七四年（文永の役）、一二八一年（弘安の役）の元寇、そして豊臣秀吉による文禄（一五九二〜九三年）、慶長（一五九七〜九八年）の役である。しかも、そのうち二回の戦場は韓国。日本国内で戦われた対外戦争は元寇のみである。しかも文永の役は一五日間、弘安の役は二ヵ月強の短期間で終わっている。元の艦隊は、それまでに比べると、世界史上最大規模の艦隊だったが、玄界灘の荒波と台風の襲来によって壊滅し、日本側は侵略をまぬがれたのであった。

こうして、日本は建国以来、万世一系の天皇を戴きながら、一度も独立を侵されることはなかったのである（一九四五〜五二年はGHQの占領下にあったが……）。こうした状況に置かれたためもあって、積極的、あるいは、アグレッシブなナショナリズムは昭和の一時期を除いて存在しなかったのである。昭和のナショナリズムといっても、日本がアジアに進出して、いわゆる「大東亜共栄圏」をつくるプロセスでのナショナリズムであって、外国の侵略から解き放たれようとするナショナリズムではなかったのだ。

たしかに、第二次世界大戦前、アジアに進出し「超国家主義」が掲げられたが、これはナショナリズムというより、アジア進出のためのイデオロギーだったといえるのだろう。丸山真男は「超国家主義の論理と心理」(『世界』一九四六年五月号。のちに『現代政治の思想と行動』未来社・一九五六～五七年に収録)のなかで日本ファシズムの思想と行動様式を分析しているが、これは日本のナショナリズムのアナリシスというより、ファシズム、あるいは、軍国主義の解析だったのだ。

多くの日本人にとって、日本人であること、あるいは、国としての日本を強く認識することはあまりないといえよう。たしかに、外国に行き、特に、外国に住むと日本を強く意識することはあるが、日本にいるとそういう感情はあまり持たない。筆者も合計九年、アメリカに住んだことがあり、そのときは、たしかに、日本を強く意識したが、外国に行かなければそういう認識はもたなかったのかもしれない。

外国にいて日本を見ると、日本がかなり特殊な国であることがわかってくる。他国に比べて日本、あるいは、日本人は「同質性」が高い。方言は若干あるものの、同じ言語をしゃべり、似たような人生体験、歴史体験を持っている。

たとえば、インド等と比べると対照的だ。インドを一言で表現すれば「多様性」。民族も多様だし（ドラビダ系、アーリア系、アジア系、ユダヤ系、タミール系等）、言語も、原則、州によって異なる（公式言語は二二。共通語としてはヒンドゥー語と英語が使われている）。宗教もヒンドゥー教徒が八〇・五％だが、イスラム教徒が一三・四％、その他キリスト教二・三％、シク教一・九％、仏教〇・八％、ジャイナ教〇・四％等と極めて多様だ。

日本人とインド人に関して有名なジョークがある。「国際会議の議長として成功する要件が二つある。一つはインド人を黙らせること。もう一つは日本人をしゃべらせることだ」。たしかに、インド人は多弁だ。あらゆる意味で多様なインドでは自分が何者であるか、自分が何を考えているかをはっきりさせる必要がある。しっかりしゃべることによってそれを実現するというわけだ。他方、日本人は同質的。しゃべらなくてもわかることが相当ある。「以心伝心」ということがかなりある。そして、多弁な人はあまり尊敬されないことが多い。男ならだまってやるべきことをやればいいというわけなのだ。

ただ、同質的な社会に慣れすぎてしまうと、外国や外国人とのコミュニケーションがうまくいかないことがある。前述した、「日本人をしゃべらせること」が重要だということは、外国人にとっては大切なことだし、また、日本人も意識して自己主張をしなくてはならないということなのだ。

ハーバード大学のビジネス・スクールは、宿題で読んできた文献をベースにディスカッションをしながら授業を進めていくが、少なくとも当初、日本人学生はとまどうことが多いという。議論することにあまり慣れていないということなのだろう。筆者は高校生のとき一年、アメリカの高校に留学したことがある。ごく一般的な町の高校だったが（ペンシルバニア州ヨーク市のヨーク高校）、課目の一つにスピーチという授業があった。

指定された本や論文を読んで、それを議論するという内容の授業だった。読解力だけでなく、発表する能力を高めようという主旨の授業だったが、日本の学校ではあまりお目にかからない課目だった。

シェイクスピアの『ジュリアス・シーザー』等でも、演説が極めて重要な要素になっている。シーザー死後のマルクス・アントニウスの演説が有名だ。"Friends, Romans, countrymen, lend me your ears" ではじまるこの演説はこのシェイクスピア劇のクライマックスの一つだということなのだ。

第二次世界大戦時にイギリスの首相を務めたウインストン・チャーチルの演説も有名なものが多い。

"A pessimist sees the difficulty in every opportunity: an optimist sees the opportunity in every difficulty"（悲観主義者はすべての好機のなかに困難をみつけるが、楽観主義者はすべての困難のなかに好機を見いだす）等は彼の名言の一つだ。

欧米に比べて、日本では、政治家等の演説がとり上げられたり、称賛されることはほとんどない。唯一といってもいいぐらい、とり上げられるのが、斎藤隆夫の「反軍演説」だ。これは一九四〇年二月三日に帝国議会衆議院本会議において彼が行った演説。日中戦争に対する根本的な疑問と批判を提起して演説したものだ。斎藤はこの演説により翌日離党。のちに立憲民政党を除名されている。除名後の総選挙では斎藤は大勝。但馬の選挙民は彼を支持したのだった。

ただ、日本には名演説といわれるものは欧米に比べ非常に少ない。日本文化の特徴なのか、書くことには重きを置くが、しゃべることはあまり重要視されないようなのだ。「大物は軽々しく口を開かない」というような文化が日本にはあるようだ。

もちろん、日本でも名演説というものがないわけではない。たしかに、田中角栄等は数々の名演説をしたし、「場所に応じて自在に話を変えた」ともいわれている。また、石原慎太郎や小泉純一郎等も演説上手だといえるのだろう。しかし、石原にしても小泉にしても演説全体というより、その一部分の表現のうまさが評価されたのだといえるのだろう。特に小泉はマスコミをうまく利用した短い発言が光っていた。小泉の「ワンフレーズポリティクス」などと評され、従来の自民党支持層とは異なる無党派層、政治に関心がない層からも幅広い支持を集めた。これも、ある種のポピュリズム政治だったということもできるのだろう。

第七章

金融緩和時代の終焉が何をもたらすのか

低インフレ、低金利という世界経済の成熟期

◉金融緩和、円安によって上昇した日経平均

安倍晋三首相は二〇一四年のいわゆる「成長戦略」のなかで「三本の矢」と呼ばれた三つの政策提言を掲げた。第一の矢は大胆な金融政策、第二の矢は機動的な財政政策、第三の矢は民間投資を喚起する成長政策。第二の矢の財政政策は政府総債務残高がGDPの二四〇％に達し（二〇一七年、IMF「世界経済見通し」の二〇一八年四月版による）、しかも二〇一七年の財政赤字は二〇一〇、一一年等と比べると減少しているものの、GDP比で四・二三％、二〇一八年も三・四五％と予測されている（予測はIMFによる二〇一八年四月時点の推計）。このまま推移すれば累積赤字は一

〇～一五年後にはGDP比で三〇〇％に到達することになる。ということは現状では、とても財政支出を拡大させ、経済を活性化することは難しいということなのだ。「機動的財政政策」は理想論であって、とても財政で経済を支えるような状況ではない。第三の矢の成長戦略も規制の緩和等が常に語られるが、いまのところ、目立った成果はあげていない。

こうした状況で、アベノミクスの柱になったのは第一の矢である金融政策だった。安倍晋三総理は二〇一二年一二月に総理に就任し、翌三月にはアジア開発銀行総裁だった黒田東彦を日本銀行総裁に任命した。黒田総裁はさっそく「異次元金融緩和」と呼ばれた積極的金融緩和を実施したのだった。この強烈な緩和策によって、二〇一二年には年間平均レートで一ドル八〇円を切っていた（一ドル七九・七九円）円ドルレートは円安に推移し、二〇一五年には年間平均レートで一ドル一二〇円を超えたのだ（二〇一五年の年間平均レート一ドル一二一・〇四円。二〇一三年は一ドル九七・六〇円、二〇一四年一ドル一〇五・九四円）。

積極的金融緩和、円安の進展を受け、日経平均も上昇局面に入り、二〇一二年末の一万三九五円から、二〇一三年には一万六二九一円、二〇一四年には一万七四五一円、そして、二〇一五年には一万九〇三四円まで上昇した。世界的な株価の上昇の影響もあったが、金融緩和、円安の進展が日経平均上昇の後押しをしたのだった。為替レートは一ドル八〇円から一二〇円へと五〇％の上昇、株価は六〇％も上昇した。

この時期、積極的な金融緩和は世界的なトレンドだった。低成長、低インフレが定着するなかで、インフレを懸念することなく、金融緩和を実施することができたのだ。アメリカの中央銀行FRBは二〇〇九年（QE1）、二〇一〇年（QE2）、二〇一二年（QE3）とたてつづけに量的緩和を実施した。欧州中央銀行（ECB）も、また、二〇一一年から主要金利を引き下げるなど金融緩和政策に転じている。

こうした積極的金融緩和が可能だったのは前述のとおり、先進各国のインフレ率が低かったからだ。二〇〇八年リーマン・ショックを受けて、アメリカも日本もデフレ状況に入り、二〇〇九年はアメリカのインフレ率はマイナス〇・三二％、日本のそれはマイナス一・三五％になったのだ。二〇一〇年にはアメリカはプラスに転じ一・六四％になったが、それでもその後二％前後で推移した。日本はその後もデフレーションが続き、二〇一〇年マイナス〇・七二％、二〇一一年マイナス〇・二七％、二〇一二年マイナス〇・〇六％、二〇一三年〇・三四％、二〇一四年二・七六％、二〇一五年〇・七九％だった。ユーロ圏のインフレ率も低く、二〇一四年から一六年は平均するとデフレーション状況。まさに、世界的なディスインフレーション状況だったのだ。

ここ数十年の日本、アメリカ、ユーロ圏の金利とインフレ率の推移が**第一四図、一五図、一六図**に示してあるが、このところ、いずれも低インフレ、低金利になっている。この世界的低金利は一六世紀以来のこと。第四章で述べたように水野和夫はこの「利子率革命」は長い一六世紀のそれが中世を終わらせたように、近代資本主義の終焉を意味するのだと論じている。地理的にも産業的にもフロンティアを開拓しつくし、もはや、高い利潤率を得られるような投資先はなくなってしまったというのだ。

そして長い二一世紀の利子率革命は、利潤率の低下を背景に近代資本主義を終わらせようとしているのだという。近代資本主義は「より速く、より遠くに、より合理的」に進んできたのだが、フロンティアを失ったいま、「よりゆっくり、より近く、より寛容に」進まざるをえないというのだ。

第一四図

日本　3ヶ月 Libor 金利／インフレ率（1990 年 12 月〜2017 年 12 月）

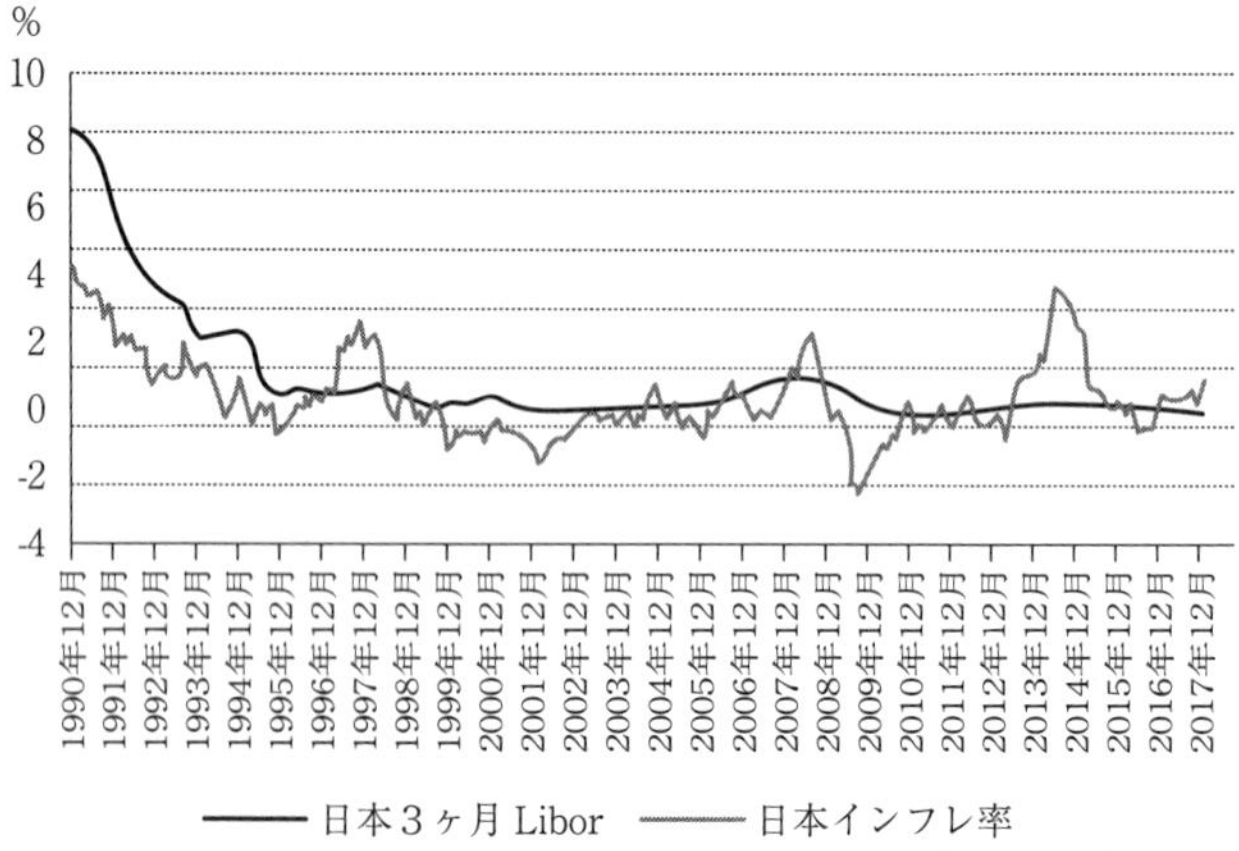

第一五図

米国　政策金利／インフレ率（1971 年 3 月〜2017 年 3 月）

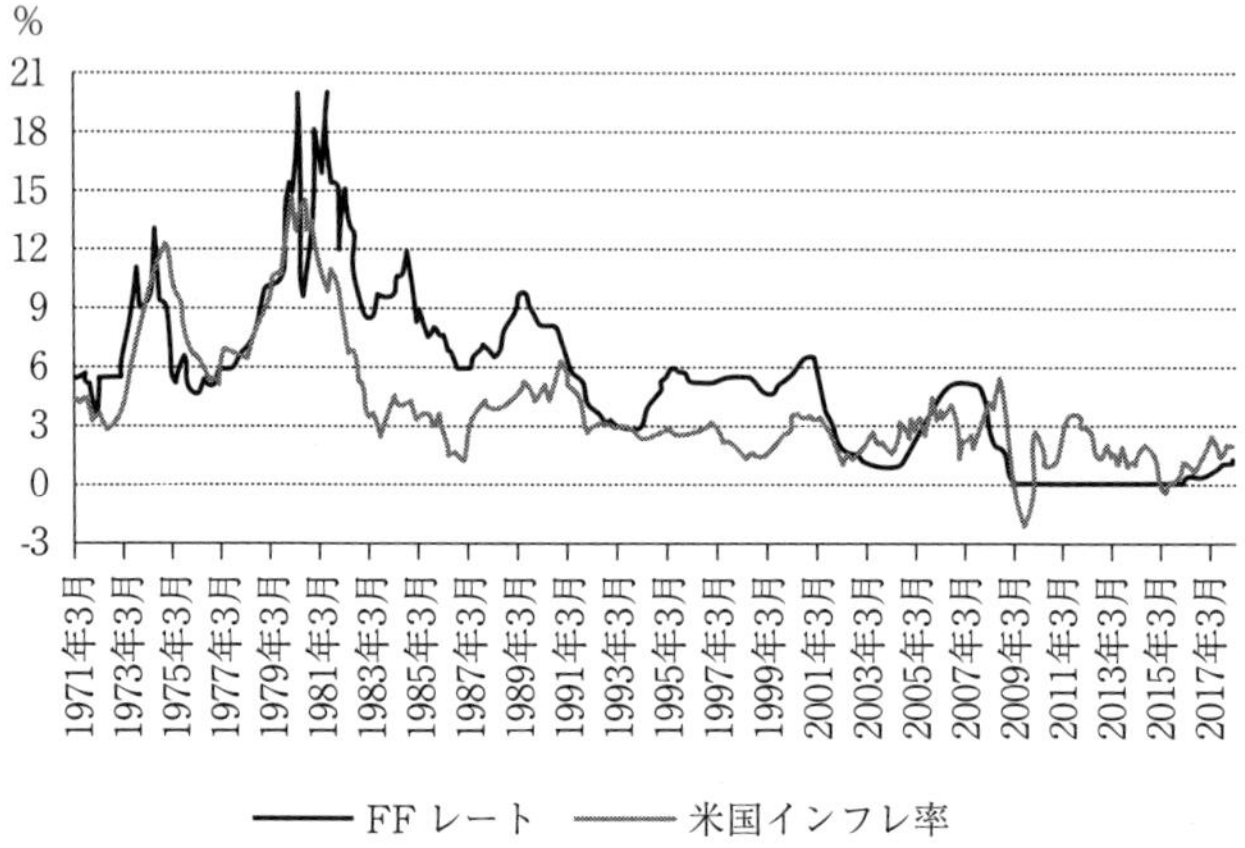

第一六図
ユーロ圏　政策金利／インフレ率（1998年12月〜2017年12月）

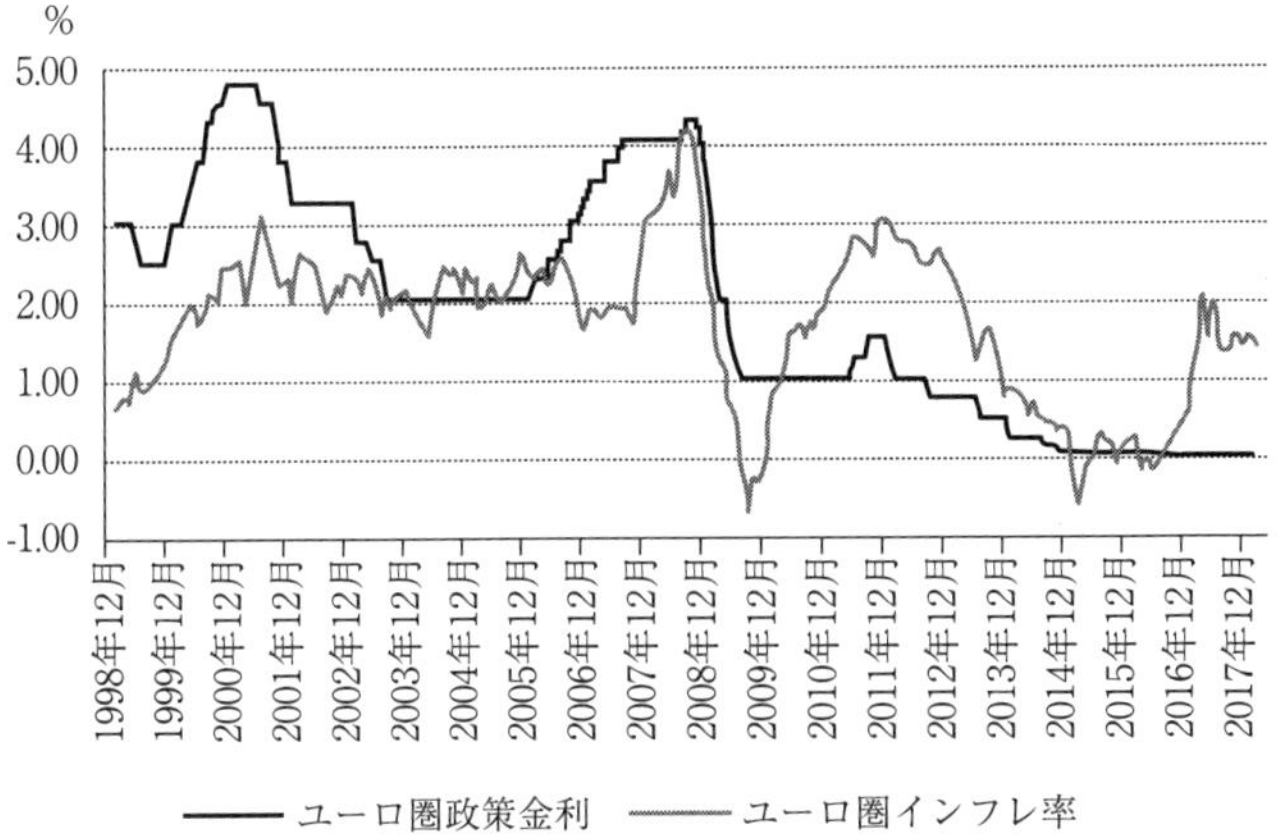

世界経済は、少なくとも先進国では成熟段階に入り、「ゼロ成長時代」に入ったのだという。ポスト近代資本主義の時代がどのように展開するのかはまだ見えていない。しかし、日本を含めて先進国で低成長、低インフレ時代が長く続いたのは成熟期の到来の結果なのだろう。

インフレ率の上昇で動きだした緩和から引締めへの転換

◉出口を模索しはじめたともいわれる日本銀行

ただ、ここにきて、日本を含む先進国のインフレ率が上昇してきている。二〇一五年、アメリカのインフレ率は〇・一二%、日本は〇・七九%、二〇一六年はアメリカ一・二七%、日本はマイナス〇・一一%だったが、二〇一七年はアメリカは二・一四%に上昇、日本もプラスに転じ〇・四九%になってきている。二〇一八年はＩＭＦの予測（予測は二〇一八年四月のもの）によると、アメリカは二・五四%、日本は一・一二%まで上昇するという。

欧州諸国のインフレ率も同様に上昇に転じている。ドイツのインフレ率は二〇一五年は〇・一三％だったが一六年には〇・三七％、一七年には一・七二％まで上昇し、一八年には一・六三％になると予測されている。フランスも同様、二〇一五年の〇・〇九％から一六年は〇・三一％、一七年は一・一六％まで上昇し、一八年は一・五二％になるとの予測。イギリスは二〇一五年の〇・〇四％から一六年は〇・六六％、一七年は二・六八％まで上昇し、一八年は二・七四％に達するとの予測だ。つまり、世界的にインフレ率がかなり上昇してきているのだ。

こうした状況を受けて、アメリカは二〇一七年九月に金融正常化を決定、量的緩和で膨らんだＦＲＢの資産を一〇月から段階的に縮小していくことを決めたのだった。二〇一七年一二月には政策金利を〇・二五％引き上げ、一・二五〜一・五〇％とすることを決定。二〇一八年に入っても、三月二二日から政策金利を一・五〇〜一・七五％に引き上げる決定をしたのだ。六月および九月にも利上げを実施し、二〇一八年の利上げは三回だと予想されていたが、現在では四回になると予測されている。

欧州中央銀行（ＥＣＢ）は三月の理事会では政策金利を据え置いたが、いずれ量的緩和政策を終了すると予測されている。市場は二〇一八年九月に量的緩和を終了し、二〇一九年前半には利上げに踏み切るのではないかと予測している。

他方、日本銀行は量的緩和政策を維持し、「二〇一九年頃」としていた物価目標二％の達成を「展望レポート」から削除した。しばらくは量的緩和政策を維持し、「出口のタイミングやその際の対応を検討する局面にはいたっていない」としている。ただ、そろそろ出口を模索しだしたとの見方が市場では浮上してきている。

金融政策が緩和から引締めに転じたことでダウ平均株価は二〇一八年一月でピークを打って（二〇一八年一月の終値は二万六一四九USドル）、緩やかな下落に転じている（二〇一八年五月三〇日現在二万四三六一USドル）、日経平均も二〇一八年一月にピークを打ち（二〇一八年一月終値二万三〇九八円）、緩やかに下落してきている（二〇一八年五月三〇日現在、二万二〇一九円）。

他方、円ドルレートはトランプ大統領のドル安政策もあって、次第に円高に推移し、二〇一八年二月には一ドル一一〇円を切って、その後一ドル一〇七～一一二円のレンジで動いている。ヨーロッパの政治的混乱（イタリアの政局の流動化等）もあって、ユーロ円も二〇一八年一月のピーク（二〇一八年の月間平均レートは一ユーロ一三五・〇七円）から次第に下落し、二〇一八年五月三〇日には一ユーロ一二五・八八円まで下がってきている。対ドルでも対ユーロでも円高が進行し、円高が株安を招くという悪循環が起こってきているようなのだ。

ＩＭＦは二〇一八年四月に「世界経済見通し」を発表しているが（四半期に一回発表）、ユーロ圏は二〇一八年には前年の二・三％から二・四％に成長率を高めるものの、二〇一九年には二・〇％まで成長率を落とすとしている（**第一七図**）。先進国のなかではアメリカが二〇一八年、二〇一九年と最も成長率が高く、日本は先進国のなかでは最も低い。

新興国については、中国が次第に成長率を下げて六％前半になるのに対して、インドが二〇一八年には成長率で中国を抜き、二〇一八年七・四％、二〇一九年七・八％の成長率を達成するとしている。

プライスウォーターハウス・クーパーズ（ＰｗＣ）の二〇一六〜五〇年の平均実質ＧＤＰの予測によるとインドは年率四・九％とベトナムに次いで高い（**第一八図**）。ちなみに、この間、中国は三・四％、アメリカは二・四％、日本は一・四％になって

第一七図
IMF 世界経済見通し（前年比）2018 年４月時点

	2017年（前年比、%）	見通し（前年比、%）		前回（2018年１月時点との比較（%）	
		2018年	2019年	2018年	2019年
世界	3.8	3.9	3.9	0.0	0.0
先進国	2.3	2.5	2.2	0.2	0.0
日本	1.7	1.2	0.9	0.0	0.0
米国	2.3	2.9	2.7	0.2	0.2
ユーロ圏	2.3	2.4	2.0	0.2	0.0
ドイツ	2.5	2.5	2.0	0.2	0.0
フランス	1.8	2.1	2.0	0.2	0.1
イタリア	1.5	1.5	1.1	0.1	0.0
スペイン	3.1	2.8	2.2	0.4	0.1
英国	1.8	1.6	1.5	0.1	0.0
カナダ	3.0	2.1	2.0	-0.2	0.0
新興国	4.8	4.9	5.1	0.0	0.1
中国	6.9	6.6	6.4	0.0	0.0
インド※１	6.7	7.4	7.8	0.0	0.0
ASEAN5 ※２	5.3	5.3	5.4	0.0	0.1
ブラジル	1.0	2.3	2.5	0.4	0.4
ロシア	1.5	1.7	1.5	0.0	0.0
オーストラリア※３	2.3	3.0	3.1	0.1	－

※１インドは年度ベース
※２インドネシア、マレーシア、フィリピン、タイ、ベトナム
※３オーストラリアは 2017 年 10 月時点との比較
出所）IMF のデータをもとにニッセイアセットマネジメントが作成

第一八図
平均実質 GDP 成長予測（年率、2016 ～ 2050 年）

ベトナム	5.0%
インド	4.9%
バングラデシュ	4.7%
パキスタン	4.4%
フィリピン	4.2%
ナイジェリア	4.1%
エジプト	4.0%
南アフリカ共和国	3.9%
インドネシア	3.8%
マレーシア	3.6%
中国	3.4%
アメリカ	2.4%
イギリス	2.4%
韓国	2.3%
ドイツ	1.5%
日本	1.4%

出典：国連の人口予測に基づく PwC の分析（2017 年 2 月 13 日）

いる。インドはこうした高成長の結果、二〇五〇年にはＰＰＰベースのＧＤＰでアメリカを抜いてナンバーツーになるとＰｗＣは予測している（**第一九図**）。ちなみに、中国、インドに次ぐのはアメリカ、インドネシア、ブラジル、ロシア、メキシコ、日本で、日本はナンバーエイトになっている。

インドがＧＤＰを大きく伸ばすという予測の背景にはインドの人口が、今後急速に上昇するという状況がある。

現在（二〇一七年）、インドの人口は一三億一一〇五万人と中国（一三億八三九二万人）に次いでナンバーツーだ

第一九図
2050年のPPPベースのGDP予測

1、中国	58兆4990億USドル
2、インド	44兆1280億USドル
3、アメリカ	34兆1020億USドル
4、インドネシア	10兆5020億USドル
5、ブラジル	7兆5420億USドル
6、ロシア	7兆1310億USドル
7、メキシコ	6兆8630億USドル
8、日本	6兆7790億USドル
9、ドイツ	6兆1380億USドル
10、イギリス	5兆3690億USドル

出典：PwC（2017年2月23日）

が、二〇二八年にはインドの人口が一四億五四三四万人に達し、中国を抜いてナンバーワンになるとされている（国際連合「二〇一二年版世界人口展望」）。中国が次第に人口減少、老齢化の局面に入るのに対し、インドは人口構成は若く（現在、二五歳以下が五〇％を超える）、今後とも増加が続くとされているのだ。国連の推計によると、二〇五〇年のインドの人口は一六億六〇〇〇万人と現在より三億人近く増加するのに対し、中国の人口は一三億六〇〇〇万人と現在より減少すると予測されている。

現在、世界の人口は七三億人（二〇一

六年）だが、二〇五〇年には九八億人（国連推計）と現在より二五億人増加すると予測されている。このうち半数以上は、インド、ナイジェリア、コンゴ民主共和国、パキスタン、エチオピア、タンザニア、アメリカ、ウガンダ、インドネシア、エジプトの人口増によるものとの見通し。人口の増加率が最も高いのはナイジェリアで二〇五〇年にはインド、中国についでナンバースリーになると予測されている。

二〇五〇年の人口のトップテンは①インド、②中国、③ナイジェリア、④アメリカ、⑤インドネシア、⑥パキスタン、⑦ブラジル、⑧バングラデッシュ、⑨コンゴ民主共和国、⑩エチオピアとなっている。先進国ではアメリカだけが今後とも人口が増加していくのだが、増加の中心はアフリカ系およびスペイン系のアメリカ人。

日本の人口は二〇〇四年一二月をピーク（一億二七八四万人）に減少し続けているが、二〇三〇年には一億二〇〇〇万人を割り（一億一五二二万人）、二〇五〇年には一億人も割り込む（九五一五万人）と予測されている（国土交通省による「国土の長期展望」二〇一一年）。しかも、二〇五〇年の高齢化率（六五歳以上が総人口に占める割合）は三九・六％と、実に人口の四割が六五歳以上になるというのだ。現在でも、日本の高齢化率は世界一（二〇一六年で二六・五六％、ナンバーツーはイタリアの二二・七一％、ナンバースリーはドイツの二一・二七％、アメリカは三七番目で一五・〇三％）。今後は世界的に高齢化が進むのだが、それでも、二〇六〇年で一八・一％、日本が世界一の高齢化社会ということなのだ。

世界保健機構（ＷＨＯ）が二〇一六年に発表した世界平均寿命ランキングで日本はトップ。男女計で八三・七歳（二位はスイスの八三・四歳、三位はシンガポールの八三・一歳）とアメリカの七八・七歳を五歳上回っている。健康寿命でも日本は世界一。男女計で七四・九歳と二位シンガポール（七三・九歳）を一年上回っていた（ＷＨＯの二〇一六年の発表）。

金融緩和時代の終焉が世界経済の成長率を下げていく

◉新しい局面を迎えた世界経済

金融緩和時代の終焉、そして世界的金融引締めへの転換で世界経済の潮目はどう変わっていくのだろう。二〇〇八年のリーマン・ショックでアメリカのみならず、世界全体が不況になり、二〇〇九年全世界の成長率は〇・〇%、先進国のそれはマイナス三・四%まで落ち込んだのだ。アメリカはマイナス二・八%、イギリス、マイナス四・三%、ドイツ、マイナス五・六%、そして、日本はマイナス五・五%にまで成長率を下げた。

先進諸国はこの不況脱却のために主として金融緩和によって対応し、二〇一〇年にはマイナス成長を脱し、その後一～二％の成長を続けることになる（先進国経済の成長率は二〇〇九年にはマイナス三・四％だったが、二〇一〇年には三・一％、二〇一一年には一・七％、二〇一二年には一・二％に回復し、二〇一四年には二・一％と二％を上回る成長を達成した）。特に、アメリカが力強く回復し、二〇一五年には成長率を二・九％まで上昇させたのだ。二〇一六年には資源価格の下落によってロシア（マイナス〇・二％）、ブラジル（マイナス三・六％）が二〇一五年に続いて成長率がマイナスに転ずるが、二〇一七年には資源価格が上昇したことによって、世界経済は回復基調に入り、一六年の三・二％から三・六％まで成長率を高めていったのだった。

アメリカはリーマン・ショックを受け、二〇〇九年から金融緩和局面に入り、政策金利（フェデラルファンドレート）は二〇〇八年一月の三・〇％から翌一月には〇・二五％まで引き下げられ、〇・二五％の低政策金利は二〇一五年一一月まで続くことになる。日本も政策金利（コールレート）を二〇〇九年から〇・〇〇～〇・一〇％に下げたのだった。そして、日本はまだこの低金利が継続している。ただ、日本銀行の黒田総裁は所信表明後の質疑応答で「二〇一九年度頃には」出口を検討していることは間違いないとの見通しを示している。

他方、アメリカは二〇一五年一二月に金融政策を転換し、九年半ぶりの利上げに踏み切ったのだった。フェデラルファンドレート（F・Fレート）を〇～〇・二五％から〇・二五～〇・五〇％に引き上げたのだ。そして、二〇一六年一二月には〇・五〇～〇・七五％へ、二〇一七年三月には〇・二五％の引き上げ、六月にはさらに〇・二五％引き上げ、FFレートを一・〇〇～一・二五％に、さらに一二月には一・二五～一・五〇％とすることを決定したのだ。二〇一八年に入って三月にさらに〇・二五％引き上げ一・五〇～一・七五％とし、六月と九月にも利上げを実施し、年内にさらに一回の引き上げを検討しているという。

欧州中央銀行（ECB）は二〇一八年四月には政策金利を据え置いたが、市場は二〇一八年末から二〇一九年半ばには利上げに踏み切ると予測している。いずれにせよ、ECBの金融緩和政策の終了もたしかだといえるのだろう。

前述したように、日本銀行はまだ金融緩和政策を続けているものの、黒田総裁は二〇一九年頃にその終了を示唆している。

先進各国が金融緩和政策を終了し、金融引締めに転じたことは世界経済に大きなインパクトを与えることになるだろう。リーマン・ショック後、金融緩和時代は五年から一〇年続いており、欧州や日本ではまだ緩和が続いている。欧州も日本も二〇一九年前後には引締めに転ずると予想されているが、アメリカがいち早く、金融政策の転換を行ったのだ。

これほど長く金融緩和を続けられた背景にはインフレ率が低位で推移したことがあげられるが、ただ、このディスインフレーション状況も次第に解消しつつある。二〇一七年アメリカのインフレ率は二・一四%に上昇し、日本のそれも〇・四七%になっている。二〇一八年四月のＩＭＦの予測によると、二〇一八年はアメリカのインフレ率は二・五四%、日本のそれは一・一二%まで上昇するとされている。

経済成長率も二〇一六年には資源価格の下落等で全世界で三・二%まで低下したが、二〇一七年には三・八%まで回復し、二〇一八年に三・九%になるとされている（ＩＭＦの二〇一八年四月の予測）。二〇一八年、先進国全体で二・五%、アメリカが最も高く二・九%、イギリス一・六%、ドイツ二・五%、日本一・二%との予測だ。成長率もインフレ率もリーマン・ショックから回復し、順調に推移してきているのだ。

こうした背景を受けて、金融政策も長い緩和状況から緩やかな引締めに移行しつつあるということなのだろう。

もちろん、かつてのような高成長、高インフレにはならないだろうが、実質GDPの成長率が先進国平均で二・五％というのはかなり高い数字だ。世界経済全体の回復の大きな要因の一つは資源価格の上昇による資源輸出国であるロシアやブラジルの成長率が高まったことだ。二〇一六年には資源価格の低下によって、ロシアはマイナス〇・二％、ブラジルはマイナス三・五％だったが、二〇一七年には資源価格が上昇したことによって、ロシアの成長率は一・五％、ブラジルのそれは一・〇％まで回復した。二〇一八年には、IMFの予測によると、ロシアの成長率は一・七％、ブラジルのそれは二・三％まで上昇するとされている。

今後の問題はアメリカが金融引締め、利上げに踏み切った影響が世界経済にどのような変化をもたらすかだろう。金融緩和が続くなかで上昇を続けてきた株価もピークを打ち、緩やかな下落に転じてきている。ニューヨークダウ平均は二〇一八年一月の終値は二万六一四九ドルだったが、二〇一八年五月末には二万四四一六ドルまで下がってきている。日経平均も二〇一八年一月末の二万三〇九八円から二〇一八年五月末には二万二二三五円まで落ちてきている。今後とも下落が続くのかどうかは定かではないが、一般的にいって、金融引締めは景気加熱を防ぎ、株価にはマイナスに働くと思われるのだ。

ドル円相場も日本の金融緩和を受け、二〇一二年から円安に推移し、二〇一五年の年間平均レートは一ドル一二一・〇四円まで円安になったが、その後、トランプ大統領のドル安政策等を受け、円高に推移し、二〇一八年に入ると一ドル一一〇円を切ってきている。円高は日本の場合、輸入にマイナスだということで株安につながることが多い。前述したように日経平均は二〇一八年一月をピークに下落に転じてきている。日本はまだ金融緩和を継続し、出口は二〇一九年頃だと予測されているが、世界的な金融政策の転換は、世界経済、そして日本経済にかなりのインパクトをもたらすことになるのだろう。

政府は二〇一八年度の日本の実質経済成長率を一・八％と見通しているが、日経センターは一・〇%と政府見通しよりかなり低い成長を見込んでいる。二〇一六年は一・三%、二〇一七年は一・七%だったので、かなり成長率が落ちるとの予測だ。各シンクタンクはそれぞれの予測を発表しているが、一・〇%から一・五%のレンジの予想が多い。ほぼ例年なみの成長の予測をしているのだが、二〇一七年度に比べ、二〇一八年度、二〇一九年度は成長率が緩やかに下がっていくと予測しているところが多い。日生基礎研究所は二〇一八年度一・二%、二〇一九年度〇・九%との見通しだ(明治安田生命の予測は二〇一八年度一・四%、二〇一九年度〇・八%)。

いずれにせよ、世界的な金融引締め、また、日本銀行の予想される緩和政策の終了は、世界と日本の成長率を低下させる方向に働くのだろう。

日本経済が不況に突入するということではないにしろ、成長率のある程度の低下は見込まなくてはならないということなのだろう。一%の近傍なら従来からの日本経済の巡航速度と大きな変わりはない。一九九〇年からここ三〇年弱の実質GDPの平均成長率は一%。若干一%は切るものの大きな後退ではないということなのだろう。しかし、金融政策が世界的に大きく転換していくなかで、世界経済と日本経済がどう推移していくのか、また、政策当局がどのようなポリシーを打ち出していくのか、打ち出すべきなのかをしっかり考えていく必要があるのではないだろうか。

金融緩和時代が終焉し、新しい局面を迎えた経済をどうマネージしていくかは、極めて重要だが、解答は必ずしも明確ではない。アベノミクス、特に日本銀行の金融政策はいままで順調だったが、今後どう展開するのか、難しい局面を迎えているといえるのだろう。

第八章

成熟国家・日本がもつ本当の可能性

日本経済は「衰亡」したのではなく、「成熟」したのだ

⊙平均的アメリカ人より豊かになった平均的日本人

これまで述べてきたように、二〇〇〇年代に入った日本の実質GDPの年平均成長率は一・〇五%。かつての高度成長期（一九五六〜七三年）には平均九・一%、安定成長期（一九七四〜九〇年）には平均四・二%だったが、一九九〇年代からは一%台に入り、このところ、平均一%の成長が続いてきているのだ。成長率の低下を問題視し、「失われた一〇年」とか「失われた二〇年」などと日本経済が衰亡しているとする主張も少なくないが、筆者は、これは日本経済が「成熟」した結果であると考えている。

日本の一人当りGDPは一九八七年にアメリカのそれを超えている。そして、二〇〇〇年までその状態は続いていったのだ。ドル円レートが円高だった影響も少なくなかったが、高度成長期、安定成長期を経て、日本が欧米先進国なみの豊かな国になったのだということなのだろう。つまり、日本が「成熟」したということなのだ。そして、成熟国家の成長率が一%前後だということはごく自然なことなのだろう。

現在、日本の一人当りGDPは四〇〇万円を超えている（二〇一八年はIMFの推計によると四三九万円）。米ドル換算すると二〇一八年は四万八四九USドルになっている。フランス、イギリス、ドイツ、イタリア等とほぼ同水準。先進大国のなかではアメリカが最も高いが（二〇一八年で六万二一五二USドル）、アメリカは格差の大きい国（両端二〇%の貧富差でアメリカは八・四倍、日本は三・四倍、ドイツ四・三倍、フランス五・六倍、イタリア六・五倍、イギリス七・二倍）。おそらく、平均的日本人の所得は平均的アメリカ人の所得より高いのだろう。

二〇〇〇～二〇一七年の日本以外の先進国の年平均成長率はアメリカ一・七二%、イギリス一・七二%、ドイツ一・六六%、フランス一・四四%、イタリア〇・五九%

になっている。イタリア以外は日本より高いが、それでも成長率は二％以下になっている。日本と同様、欧米先進国も成熟段階に入ったといえるのだろう。

経済成長率が二％以下になっているということは、また、インフレ率が低下することにもつながっている。二〇〇〇〜二〇一七年の年間平均インフレ率は、最も高いアメリカで二・〇三％、イギリス二・〇二％、ドイツ一・四九％、フランス一・五六％、イタリア一・八九％、日本〇・〇七％となっている。日本が最も低く、デフレ状況に近いが、先進諸国は一％から二％の間でディスインフレーション状態だということができるのだろう。

成熟先進国・日本がもつ大きな可能性

◉世界有数の「森と水の国」である日本

日本を含む先進諸国は成熟段階に入り、低成長、低インフレの局面を迎えたといえるのだろう。そして、そのなかでも日本は「成熟先進国」とでも呼べる成熟国家としては先頭を走っている国だといえるのだろう。成熟国家のキーコンセプトは環境、安全、そして健康だということもできるのではないだろうか。そして、日本はそのいずれをとっても世界のトップランナーだといえるのだろう。

まず環境。あまり知られていないが、日本は世界有数の森林国家。日本の国土に占める森林の割合（森林率）は六八・四六％と先進国のなかではフィンランド（七三・

一一%)、スウェーデン(六八・九二%)に次いで世界のナンバースリー。

絶対的に森林の多い国はロシア(八〇九万㎢)、ブラジル(五一五万㎢)、カナダ(三一〇万㎢)、アメリカ(三〇五万㎢)、中国(二一二万㎢)等だが、率からいうと日本は世界のナンバー・スリーなのだ(日本の森林総面積は二五万㎢で世界で二三番目、世界平均の二〇万㎢を上回っている)。

かつては多くのヨーロッパの国々は森林に覆われていたが、一一世紀から一二世紀にかけて森を切り倒し、小麦畑や牧場をつくったため、ドイツ(一一万㎢)、イタリア(九万㎢)、フランス(一六万㎢)、イギリス(三万㎢)等、森林面積は世界平均をかなり下回っているのだ。

日本は歴史的に森を大切にしてきた。日本に入ってきた仏教は密教が主流で森の奥深くに総本山をつくったのだ。真言宗の総本山は高野山の金剛峯寺、天台宗の総本山は比叡山の延暦寺。いずれも山奥深くにつくられている。そうしたこともあって、森は日本人にとって神聖な場所であったのだ。ヨーロッパで森が魔女の住むところであり、ロビンフッドのような義賊の住むところであったのとは対照的なのだ。

しかも、日本の雨量はヨーロッパの三倍。日本はまさに「森と水」の国であり、多くの清涼な河川が流れている。岐阜三川（木曽川、長良川、揖斐川）等が有名だが、北は北海道（石狩川、十勝川、網走川等）から、東北（北上川、最上川等）、関東（利根川、多摩川、荒川等）、中部（富士川、信濃川、大井川、天竜川等）、近畿（淀川、加古川、紀の川等）、中国（千代川、江の川、旭川等）、四国（吉野川、四万十川等）、九州（筑後川、球磨川、大分川等）、全国いたるところに勾配の急な清涼な川が流れている。

アメリカ大陸やユーラシア大陸の河川（たとえばアマゾン川やナイル川、揚子江、黄河）は長いが、勾配はそれほど急ではなく緩やかに流れているのに比較すると対照的なパターンになっている。まさに、森と水の国日本の河川というわけなのだ。

豊かな河川は海に流れ込み、豊かな海をもたらす。日本の海（領海＋排他的水域）は面積で世界第六位（四四七万㎢）とアメリカ（七六二万㎢）、オーストラリア（七〇一万㎢）、インドネシア（五四一万㎢）、ニュージーランド（四八三万㎢）、カナダ（四七〇万㎢）に次ぐ広さ。しかも、深海が多いので体積では世界第四位になっている（アメリカ、オーストラリア、インドネシアに次ぐ）。

日本の海は赤道からの暖流、オホーツク海からの寒流が交叉しているので、魚類が多く、世界三大漁場の一つとなっている（①北東大西洋水域・アイスランド・イギリス・ノルウェー近海、②北西大西洋海域・アメリカ・カナダ東海岸、③北西太平洋海域・三陸沖・常磐沖・オホーツク海）。

日本の近海には三万四〇〇〇種の海洋生物、そして四四〇〇種類の魚が生息するという。世界の全海洋生物種類の一四・六％にあたるとされている。

日本は、また、急峻な河川が多く、水が澄んでいることもあって、鮎《アユ》、山女《ヤマメ》、岩魚《イワナ》のような淡水魚が食されている。世界で食される淡水魚はコイやナマズ等が多く、泥水のなかに棲む魚が多いが、鮎や山女、岩魚等は清涼な河川に生息し、日本以外にはあまり見られない。

◉世界に誇る日本の安全性

日本は、また、他の先進国に比べて犯罪率（年間何らかの犯罪にまきこまれた人々の人口比）の低い国でもある。二〇〇五年の統計によると日本の犯罪率は九・九％とスペイン（九・一％）とともにOECD諸国のなかで一〇％を切っている二ヵ国の一つ。ちなみに、フランスは一二・〇％、ドイツは一三・一％、アメリカは一七・九％、イギリスは二一・〇％になっている。

また、年間の殺人発生率（人口一〇万人当りの殺人の数）でも〇・三一％とOECD諸国のなかでシンガポール（〇・二五％）、香港（〇・三〇％）とともに極めて低い（二〇一五年）。人口一〇〇〇万人以上の大国では最も低い。

ちなみに、先進国で最も多いのはアメリカの四・八八人、カナダ一・六八人、フランス一・五八人、イギリス〇・九二人、ドイツ〇・八五人、イタリア〇・七八人、韓国〇・七四人、スペイン〇・六六人となっている。新興市場国ではインドが三・二一人、中国が〇・七四人となっている。日本で銃剣等の武器保有が禁止されていることも大きな要因の一つだろう。ちなみに、アメリカでは憲法（修正第二条）で武器保有権を保証している。一七九一年に成立した修正第二条は次のように規定されている。

「規律ある民兵団は、自由な国家の安全にとって必要であるから、国民が武器を保有し携行する権利は、侵してはならない」

そして、アメリカでは、しばしば銃乱射事件が起きている。二〇一三年以来、学校での発砲事件だけで二九一件、平均で毎週一回は発生していることになる。二〇一八年に入っても死傷者の出た学校乱射事件は六件目。二〇一八年二月一四日、フロリダ州の高校で乱射事件があり少なくとも一七人が死亡している。

◉世界を席巻する日本の食文化

実は日本人は世界で最も健康な国民でもある。二〇一六年の日本人の平均寿命は八三・九八歳。日本より長い国はサンマリノの八五・四二歳、香港の八四・二三歳のみ。人口一〇〇〇万人以上の大国では日本が最も高い。

日本に次ぐ長寿国はスイス（八二・九〇歳。第五位）、スペイン（八二・九〇歳。第六位）、イタリア（八二・五四歳。第九位）、フランス（八二・二七歳。第一六位）、韓国（八二・〇二歳。第一九位）、イギリス（八〇・九六歳。第三〇位）、ドイツ（八〇・六四歳。第三四位）、アメリカ（七八・六八歳。第四五位）等となっている。平均的日本人は平均的アメリカ人より五・三年長く生きるというわけなのだ（出典は世界銀行）。

平均寿命とかなり相関が高いのが肥満率。肥満率とはＢＭＩ（Body・Mass・index・体重（kg）／（身長m）^{2}）が二五以上（肥満の定義）の人たちの人口比。二〇〇八年のＷＨＯ（世界保健機関）の統計によれば、日本は四・五％。先進国のなかでは最も低い。スイスが一四・九％、フランス一五・六％、イタリア一七・二％、ドイツ二一・三％、イギリス二四・八％、アメリカ三一・八％となっている。

先進国のなかではアメリカが最も高く、人口の三割が肥満。日本の七倍も肥満が多いということなのだ。日本よりは高いが、グルメ大国といわれるフランスやイタリアはイギリス、アメリカよりかなり低い。やはり、ファストフードを食することが多いイギリスやアメリカに肥満が多いのだ。肥満率の世界平均は一八・九％。平均より低い先進国は日本、韓国、スイス、フランス、イタリア等だ。

日本人の肥満率の低さの一つの要因は伝統的日本食にあるのだろう。日本食、和食は二〇一三年に無形文化遺産に登録されているが、米と魚を中心とする日本食は極めて健康的だとされている。和食の基本形は飯、汁、菜、香の物であり、米、大根、ナス等とともに魚介や海藻等が中心になっている。また、昆布と鰹節を中心としたダシはアミノ酸とイノシン酸を充分含んでおり、いわゆる「うま味」を出している。

フランス料理はダシとしてフォン、ブイヨン、コンソメ等を使ってダシを出しているが、近年、欧米でも昆布や鰹節によるダシが注目されているという。実は、欧米では酸味《さんみ》・甘味《かんみ》・塩味《えんみ》・苦味《にがみ》の四つが基本味とされ「うまみ」という基本味はなかったのだった。それゆえ、現在のところ、日本語の「Umami」がそのまま使われることが多いという。

寿司や日本食は、現在、世界的ブームになっているという。二〇一七年一一月に発表された「ミシュランガイド東京二〇一八」でも三つ星一二軒のうちフランス料理はわずか二店（ジョエル・ロブションとカンテサンス）、あとは日本料理六軒（かんだ、麻布幸村、まき村、神楽坂石かわ、虎白および龍吟）、寿司店三軒（すきやばし次郎本店、鮨さいとう、鮨よしたけ）、そしてふぐ店一軒（臼杵ふぐ山田店）となっている。

二つ星は五〇軒、一つ星は一六二軒だが、二つ星五〇軒のうち日本料理が二一軒、フランス料理が一四軒、寿司店が七軒、てんぷら二軒、スペイン料理二軒、中華料理二軒、ふぐと韓国料理が各一軒となっている。二つ星店はさすがにフランス料理が多くなっているが、それでもトップは日本料理店。寿司、てんぷら、ふぐを入れると三一軒と全体の六割を占めている。東京だからということはあるにしても、ミシュランといえども、一流のフランス料理はあるものの、やはり日本料理が多いということなのだ。一つ星も同様、日本料理、寿司、てんぷら等が多い。

銀座の寿司の名店「すきやばし次郎」はアメリカでドキュメンタリー映画になり（アメリカの映画監督デヴィッド・ゲルプのつくった"Jiro Dreams of Sushi"―二郎は鮨の夢を見る―）、世界的に有名になっている。「すきやばし次郎」の小野二郎が「素晴らしい寿司を作りだすだけではなく、彼が八五歳（当時、現在は九二歳）でありながらいまだ現役で働いているということ、そして息子たちが彼のために働いている事実に興味を持った」というのだ。

この映画のせいもあったのだろう。二〇一四年四月に来日したアメリカのバラク・

オバマ大統領は安倍晋三総理の招待で「すきやばし次郎」で食事をしている。「次郎」が世界的に有名になったのはいいのだが、昔からしばしば「次郎」に行っていた筆者などは予約がとりにくくなって若干閉口している。小さな店なので、こんなに有名になれば予約がとりにくくなるのは仕方がないのだが……。

いまや、東京、築地の魚市場は外国人観光客の東京ツアーにも組み込まれている。ニューヨークの名店「ブラッスリー・レアール」の総料理長アンソニー・ボーディンは、一九九九年に日本を訪れ、築地市場の豊富な食材に衝撃を受けたと、雑誌のインタビューで次のように語っている。

「我々は日本からSUSHIという素晴らしい食文化を輸入し、カリフォルニアロールなど新しい料理が生まれた。生の魚はデザイナブル。ニューヨークのシェフたちはさらに腕を磨くことになった。アメリカ人の魚の質を見極める目と舌が肥えて、ニューヨークのレストラン全体の質がグンと上がったんだ」

日本の食材、特に魚の豊かさは、欧米の料理人たちに大変な驚きを与え、それが少しずつではあるものの、欧米の食文化を変え始めたのだ。ニューヨークやパリのシェフたちも鰹節や昆布ダシを使うようになったという。「ノブ」や「テツヤ」などといった日本料理店の海外進出にとどまらず、欧米料理の「日本化」が始まったようなのだ。

かつて日本の料理人たちはフランスやイタリアで修業し、本物のフランス料理やイタリア料理を日本に持ち帰った。そして、いまや、東京のフランス料理店やイタリア料理店は世界一流のものになっている。

それが今度は、欧米の料理人たちが日本料理に学び、日本の食材をとり入れる時代になってきたのだ。京都の老舗料亭・菊乃井本店には外国人料理人が修業にきているというし、他の料理店にも多くの外国人が学びにきている。三〇〜四〇年前とは逆の現象が起きているのだ。

また、寿司や日本料理のブームに乗って日本酒も世界で脚光を浴びている。外国でも日本料理には「ＳＡＫＥ（酒）」という人たちが増えているという。もう二〇年近く前のことだが、筆者が大蔵省の財務官だったころ、当時の宮澤喜一大蔵大臣がフランスの財務大臣を日本料理で接待したことがあった。フランス人だからと気を使ってワインを用意したのだが、「日本料理にはサケ」でしょうと日本酒を所望されたのには驚いた。フランスの文化人たちは当時から日本酒のおいしさを知っていたのだ。

近年にはさらに流れに拍車がかかり、日本酒がかなり輸出されるようになっている。山口県岩国市周東《しゅうとう》町の旭酒造がつくる日本酒「獺祭《だっさい》」はニューヨークやパリなどに輸出されていて、獺祭の蔵には毎年三〇人以上の外国人が酒造りを学びに訪れているという。

施行以来、一度も改正されていない日本国憲法

◉高まる憲法改正の気運

第二次世界大戦後七年間、つまり日本が「サンフランシスコ条約」によって正式に主権を回復するまで、日本はGHQ（連合国軍総司令部）の統治下にあった。

周知のように連合国軍最高司令官はダグラス・マッカーサー陸軍元帥（一九四五〜一九五一年）、後任はマシュー・リッジウェイ中将（一九五一〜五二年）。日本の立法、行政の最終的責任は連合国最高司令官（SCAP）たるダグラス・マッカーサーにあった。ただ、GHQは間接統治方式をとったので、日本側も内閣を組織し、この間、東久邇宮稔彦王（一九四五年八〜一〇月）、幣原喜重郎（一九四五年一〇月〜一九四

六年五月)、吉田茂(一九四六年五月～一九四七年五月及び一九四八年一〇月～一九五四年一二月)、片山哲(一九四七年五月～一九四八年三月)、芦田均(一九四八年三～一〇月)が総理大臣に就任している。

ただ、最終決定権はGHQ－SCAPにあったので、内閣とGHQの連絡役が重要な役割をはたした。吉田茂とGHQの連絡役になったのが白洲次郎。一九一九年から一九二八年までイギリスのケンブリッジ大学に聴講生として留学している。戦前は近衛文麿のブレーンとして活躍したが、戦後は吉田茂に請われ、終戦連絡中央事務局(終連)の参与に就任した。GHQをして「従順ならざる唯一の日本人」と言わしめたとして有名である。一九四九年には商工省の外局として設立された貿易庁長官に、また、一九五一年五月には東北電力会長に就任している。サンフランシスコ講和条約にも吉田茂の側近として参加している。

ちなみに、筆者の父榊原麗一も芦田均総理大臣の秘書官としてGHQとの連絡役を務めている。芦田は特にGHQ民政局(Government Section)と親しく、父は民政局次長のチャールズ・ケーディス大佐、アルフレッド・ハッシー中佐、マイロ・ラウエル中佐と頻繁に連絡をとっていたようだ。

なかでもアルフレッド・ハッシー中佐が主たるカウンターパートだったようで、ハッシー中佐はよく、その当時鎌倉にあった筆者の家に遊びにきていた。訪問のたびにチョコレートやコンビーフ等、当時の日本では貴重品だったおみやげを持ってきてくれた。筆者にとってはミスター・ハッシーではなく、ミスター・ハーシー（ハーシーはチョコレートの名）だったのだ。

この占領下の七年間に日本国憲法をはじめ戦後日本の法的、経済的インフラストラクチャーがつくられたのだった。周知のように、日本国憲法は一九四六年二月四日から二月一二日の九日間でGHQの民政局によってつくられたのだった。

憲法作成のための民政局組織は**第二〇図**のようになっている。中心になったのは元ニュー・ディラーのチャールズ・ケーディス陸軍大佐、アルフレッド・ハッシー海軍中佐、マイロ・ラウエル陸軍中佐だった。

この民政局による憲法草案を若干修正させたのが、当時衆議院憲法改正特別委員長だった芦田均（後に内閣総理大臣、一九四八年三〜一〇月）だった。芦田は第九条の

第二〇図
日本国憲法草案作成のための民政局組織図

連合軍最高司令官
ダグラス・
マッカーサー元帥

民政局長
コートニー・
ホイットニー准将

運営委員会
チャールズ・L・
ケーディス陸軍大佐

アルフレッド・R・
ハッシー海軍中佐

マイロ・E・ラウエル
陸軍中佐

ルース・エラマン

（前文執筆はアルフレッド・R・ハッシー海軍中佐が兼任した。）

立法権に関する小委員会
フランク・E・ヘイズ陸軍中佐
ガイ・J・スウォープ海軍中佐
オズボーン・ハウギ海軍中尉
ガート・ルード・ノーマン

行政権に関する小委員会
サイラス・H・ピーク
ジェイコブ・I・ミラ
ミルトン・J・エスマン陸軍中尉

人権に関する小委員会
ピータ・K・ロウスト陸軍中佐
ハリー・エマーソン・ワイルズ
ベアテ・シロタ

司法権に関する小委員会
マイロ・E・ラウエル陸軍中佐
アルフレッド・R・ハッシー海軍中佐
マーガレット・ストーン

地法行政に関する小委員会
セシル・G・ティルトン陸軍少佐
ロイ・L・マルコム海軍少佐
フィリップ・O・キーニ

財政に関する小委員会
フランク・リゾー陸軍大尉

天皇・条約・授権規定に関する小委員会
リチャード・A・プール海軍少尉
ジョージ・A・ネルソン陸軍中尉

秘書
シャイラ・ヘイズ
エドナ・ファーガソン

通訳
ジョセフ・ゴードン陸軍中尉
I・ハースコウィッツ陸軍中尉

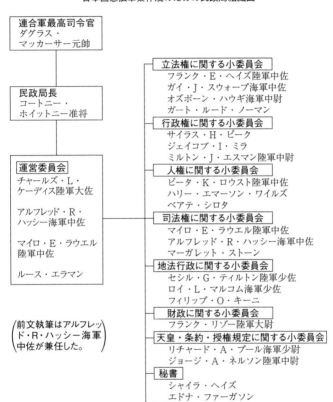

戦争放棄の条文の第一項に「日本国民は、正義と秩序を基調とする国際平和を誠実に希求し……」の一文を挿入し、第二項に「前項の目的を達成するため……」という文をつけ加えたのだった。

この修正により、自衛のための軍隊、自衛隊を持つことが可能となったのだ。チャールズ・ケーディスはこの修正の意味を理解し、彼の責任でOKを出したのだった。彼は「個人に人権があるように、国家にも自分を守る権利は本質的にある」とし、承認したのだった。彼の上司であったホイットニー将軍も「(自衛のための軍隊を持つようになることが）よい考えだ」と述べたといわれている。

ケーディスはさらに次のように述べたといわれている。

「マッカーサーが、平和国家であるという点で日本がリーダーシップを取るべきであり、他の国々は日本を見習い、あとに続くべきだと考えていたことは、疑う余地がありません。しかしそれだけでは私自身すっきりしませんでしてね。芦田が第九条の修正案を提案してきたときは、むしろうれしく思いましてね。というのは、あの修正によって、独立国としての立場が明らかになったからです。使われている言葉は重苦しいものでしたが、それによって、たとえば日本が国連加盟国になる場合の助けになると思いました」

実際、この修正案が提出される前の特別委員会で、金森国務大臣（金森徳次郎、岡田内閣―一九三四〜三六年―の法制局長官、第一次吉田内閣―一九四六〜四七年―の国務大臣を務めた。初代国立国会図書館長でもあった）は芦田均委員長の質問に答えて、「将来国際連合に日本が加入するということを念頭に置きまする場合は、現在の憲法の定めておりまする所と、国際連合の具体的なる規定が要請しておりまする所との間に、若干の連係上不十分なる部分があることは認めなければならぬと思います」と国連加盟を想定した際の第九条の不備について認めている。

日本国憲法はこのようにGHQ民政局によってつくられたものであり、民政局スタッフは、日本が独立すれば、当然、憲法は改正されるものと思っていたようだ。憲法の改正を一〇年間禁ずるという条項を書いたリチャード・プール海軍少尉（天皇、条約、授権規定に関する小委員会メンバー）も、「日本がその後、チャンスがあったにもかかわらず、憲法を改正しなかったのは、当時からすれば思いもよらないことです。

ですから議会の推移はとても気になりました。日本の保守勢力がどれだけ消し去ることができるかが、日本の占領に対する、世界からの評価になるわけですから」と述べている。

たしかに、日本国憲法は多くの日本国民に受け入れられ、定着していったのだが、自由民主党は結党以来、憲法改正を党是としてきた。しかし、一九四七年五月三日に施行されて以来、日本国憲法は全く改正されていない。第二次世界大戦後の七三年間、アメリカは六回、カナダは一九回、ドイツは五九回、フランスは二七回、イタリアは一五回、オーストラリアは五回、中国は九回、韓国は九回、それぞれ憲法改正を行っている。

日本で憲法改正が全く行われなかった一つの理由は日本の憲法がいわゆる硬性憲法《こうせいけんぽう》で、改正がかなり難しいことによるところもある。憲法改正には衆議院、参議院、両院ともに三分二以上の賛成によってはじめて発議され、さらに国民投票によって過半数の賛成が必要なのだ。少なくとも、ごく最近まで、憲法改正を主張する政党（自由民主党等）が両院で三分二以上を占めることはなかったのだ。

しかし、現在自由民主党（二八三議席）、公明党（二九議席）が衆議院で三分二を占め、参議院でも自由民主党（一二五議席）、公明党（二五議席）及び日本維新の会等、改正賛成の無所属議員を加えると三分二を確保しているのだ。つまり、与党による憲法改正の発議が可能になっているのだ。

こうした状況を踏まえ、安倍晋三総理は憲法改正を今後の重要な政策課題の一つだと位置づけている。自民党の憲法改正推進本部は二〇一二年に改正草案を示しているが、二〇一七年一二月にはさらに「憲法改正に関する論点とりまとめ」として「改憲四項目」を掲げている。(i)自衛隊、(ii)緊急事態、(iii)合区解消・地方公共団体について、(iv)教育充実についてであるが、自衛隊については九条一項、二項を残しつつ、自衛隊を明文で書き込むという自衛隊加憲論が主流となりつつあるという。

世論調査でも憲法改正を必要とする意見が必要ないを上回っている。二〇一七年三月のＮＨＫ調査では、四三％が改正が必要と答えており、必要ないの三四％を上回っている。毎日新聞の二〇一七年四月の調査では改正賛成四八％、反対三三％になっている。

ただ、二〇一八年四月二五日に行われた共同通信による世論調査では、前述の四項目すべてが「反対」や「不要」の否定的意見が上回ったという。九条改正は必要ない四六％、必要四四％で拮抗し、教育充実のための改憲は不要七〇％となり、必要二八％に大差をつけている。また、安倍晋三首相の下での改憲には六一％が反対し、三八％の賛成を上回ったのだった。

朝日新聞が二〇一八年五月一日に行った世論調査でも安倍政権下での憲法改正実施には五八％が反対し、賛成三〇％を上回っている。ただ、調査主体によって結果は異なっており、読売新聞の調査では憲法改正賛成五一％と改正反対四六％を上回ったという。また、自衛隊の存在を明記する条文の追加については賛成五五％、反対四二％だった。調査主体によってかなり結果は違っているが、全体として、憲法改正の気運が高まってきているといえるのではないだろうか。

一方的に行われた大戦の総括

◉不公正だった東京裁判

　占領下の日本の重要なイベントの一つは、いわゆる東京裁判（極東国際軍事裁判）だった。連合国側は東條英機元首相をはじめとする、日本の指導者二八名を、「平和愛好諸国民の利益並びに日本国民自身の利益を毀損」した「侵略戦争」を起こす「共同謀議」を一九二八年（昭和三年）一月一日から一九四五年（昭和二〇年）九月二日にかけて行ったとして、平和に対する罪（A級犯罪）、人道に対する罪（C級犯罪）および通常の戦争犯罪（B級犯罪）の容疑で裁いたのである。

「平和に対する罪」で有罪になった被告人は二三名、通常の戦争犯罪行為で有罪になった被告人は七名、人道に対する罪で起訴された被告人はいない。裁判中に病死した二名と病気によって免訴された一名を除く二五名が有罪判決を受け、うち七名が死刑となった。そして、日本政府は一九五二年に発効した平和条約第一一条によってこの判決を受諾し、異議を申し立てる立場にないとの見解を示したのであった。

首席検察官はアメリカのジョセフ・キーナン。他にイギリス、ソ連、オーストラリア、ニュージーランド、カナダ、中華民国、フランス、オランダ、インド、フィリピンの検察官が執行委員会を構成した。被告人は東條英機以下二八名、うち七名が死刑、一六名が終身禁錮刑、禁錮刑二〇年が一名、禁錮刑七年が一名。判決前に二名（永野修身、松岡洋右）が死去、一名が精神障害で訴追免除された（大川周明）。死刑になったのは、東條英機、武藤章、松井石根、木村兵太郎、板垣征四郎、広田弘毅、土肥原賢二の七名、罪状は平和に対する罪であった。

この判決に対しインドから派遣されたラダ・ビノード・パール判事は平和に対する罪も人道に対する罪も事後法にあたるとして全員無罪を主張した。一一人の裁判官、判事のなかでは唯一の国際法の専門家であった。裁判長のオーストラリアから派遣されたウィリアム・ウェブは反日主義者として知られていて、天皇を戦犯とすべきだとの見解を持っていたという。ダグラス・マッカーサーの命令を受け、天皇には責任がないとの立場をとるジョセフ・キーナン首席検事とは激しく対立していた。ただウェブは死刑反対論者で、被告人全員の死刑に反対票を投じている。

いずれにせよ、この東京裁判は裁判といえる代物ではなかった。パール判事の述べたように事後法によって裁くことは法律上のルール違反以外の何物でもなかった。東條英機をはじめ死刑になった七人も、その当時の法律に違反していたわけではなかった。対米戦争に踏み切ったことは「政治的」には誤ちであったかもしれないが、法律上、あるいは国際法上の誤ちは犯してはいない。

たしかに真珠湾攻撃については「宣戦布告」が遅れ、特命全権公使来栖三郎と駐米大使野村吉三郎から「対米覚書」が国務長官コーデル・ハルに渡されたのは真珠湾攻撃の一時間後だった。駐米大使館のミスによる失態だったとされているが、アメリカ側はこれを「だまし討ち」だとし、「Remember Pearl Harbor」を対日戦の大きな目玉としていったのだった。真偽のほどは確かではないが、ルーズベルト大統領は日本側の暗号を解読し、真珠湾攻撃を予測していながら、これを放置して、アメリカの反日感情を高め第二次世界大戦への参戦を実現していったともいわれている。いずれにせよ、一九四一年一一月に「ハル・ノート」（当時の国務長官コーデル・ハルから日本側に示された外交文書。日本の中国、仏印からの全面撤退等を含む日本への要求）を送ったときから、日本側がこれを受け入れ難く、対米開戦等なんらかの強硬手段をとるだろうことは予測していたことは確かなのであろう。

アメリカの欧州戦線への参加をイギリス等が強く要請していて、ルーズベルト大統領もこれを望んでいたが世論対策に苦慮していたといわれている。戦争参加の世論を高めるためには真珠湾攻撃はまさにかっこうの事件だったということができるのだろう。つまり、攻撃を知っていながら、あえて、これを放置したということも充分考えられるということだろう。つまり、真珠湾攻撃は「仕掛けられた」アメリカの罠《わな》だったということもできるのかもしれない。

日本は一九四〇年九月二七日に日独伊三国同盟を結んでいる。日中戦争でアメリカと鋭く対立していた日本にとってドイツと手を結び、アメリカを牽制することで日中戦争を有利に処理しようとしたのだが、この同盟締結で、日本とアメリカを中心とする連合国側との対立はぬきさしならないものになってしまった。

日本はハル・ノート提示（一九四一年一一月二六日、日本時間では一一月二七日）後も来栖三郎大使をアメリカに派遣し、駐米大使野村吉三郎とともにコーデル・ハル国務長官との交渉にあたらせたが、ルーズベルト大統領が昭和天皇に対し「平和を指向し関係改善を目指す」という親電を送る一方で、日本側は日米交渉を打ち切る「対米覚書」を一二月六日に野村大使に訓令し、一二月八日には野村大使がハル長官に「対米覚書」を手渡し、日米交渉は決裂、日本は米国と英国に対し宣戦を布告したのだった。日本側は一二月三日に日本海軍機動部隊に真珠湾攻撃を命令しているので、この時点で日米交渉は見切っていたのだった。アメリカ側はそれを、おそらく、知っていながら野村・来栖大使と交渉を続けていたと思われる。

この真珠湾攻撃に関し、アメリカは野村・来栖大使がそれを知りながら交渉を続けていたとして「日本がアメリカをだました（Japan・クルースト〈来栖〉U・S・）」と反日感情をあおったのだった。

日本経済の「占領レジーム」からの脱却

◉日本の「戦後」は終わったのか

すでに第二次世界大戦後七三年が経過しているが、日本の政治、経済、社会のインフラストラクチャーは、占領下の七年間につくられたものから大きく変わっていない。前述したように、日本国憲法をはじめ刑法の大改正も民法の改正もこの時期に行われている。刑法の大改正は一九四七年、その後、さまざまな改正が継続的になされている。最も最近の改正は二〇一七年、一七七条の強姦罪は「強制的性交罪」に名称変更し、法定刑の下限を引上げ、性別を問わなくした。また、被害者からの親告罪から非親告罪に変更されている。

民法についても、家制度の廃止を中核とした根本的改正が刑法同様一九四七年に行われている。改正の中心は家族法であり現在の民法もこのときつくられたものだ。ただ二〇一七年五月に民法の一部が改正され、二〇二〇年四月一日から施行されることになっている。改正のポイントは「ルール現代化」と「ルールの明確化」だとされている。(i)約款規定の新設、(ii)売主や請負人の担保責任の明確化、(iii)賃貸借における敷金ルールの明文化、(iv)変動法定利率の採用等が改正のポイントになっている。

また、経済面でも占領レジームの継続はかなり顕著だ。財閥解体により再編成された経済システムも緩やかなグループ化はあったものの、所有型から雇用型に変わった経営システムもほぼそのまま続いている。

韓国経済がサムスン、現代、SK、LG、ロッテ等の財閥によって支配されているのと対照的だ(韓国の十大財閥はサムスン—三星、現代自動車、SK、LG、ロッテ、現代重工業、GS、韓進、ハンファ、斗山)。

財閥解体とならんで大きかった戦後改革は農地改革。不在地主が追放され、戦前の小作農は農地を所有する自作農になったのだった。ただこの改革の軸となった「農地法」は事実上大企業の農業参入を難しくしていて、このまま「社会主義的」体制を続けるのがいいかどうかは議論の分かれるところだ。

戦前のように小作農が出てくる可能性はほとんどないので、大企業が農業に参入し、製造業などと同じように農民が企業の被雇用者になるほうがむしろ望ましいのではないだろうか。しかし、そのためには農地法を抜本改正して農業委員会などの制度を変える必要がある。そろそろ、「占領レジーム」の社会主義体制から脱して、農業の資本主義化を考えるべき時期なのではないだろうか。

時代が大きく変わっているにもかかわらず、「占領レジーム」が続いていることは、日本経済全体にとってはマイナスなのではないだろうか。安倍晋三総理は、金融緩和、財政政策に並ぶ第三の矢として農業競争力の強化などに取り組んでいるが、どうもはっきり戦略の全体像が見えない。「戦後レジーム」からの脱却などといっているわりにはその内容が見えにくいのだ。問題は、政府も、あるいは、経済界も占領レジームからいまだに本格的脱却をはたしていないことではないだろうか。

GHQ民政局によって九日間でつくられた日本国憲法は、当然、改正されるべきだし、そのための議論を重ねるべきときだろう。第九条をはじめ改正点は多くあるし、そろそろ自衛隊も日本軍とすべきなのだろう。何も戦前の軍国主義に戻れということではないが、他の外国と同じように通常の軍隊を持つというだけのことだ。

戦後七三年、日本の姿も大きく変わってきている。一言でいえば、日本は成熟国家、成熟社会になってきているのだ。低成長を没落と考えるのではなく、成長戦略でなく、成熟戦略を考えるべき時期なのだろう。

日本の一人当りGDPは一九八〇年代後半、アメリカを抜いて主要先進国中ナンバーワンになった。為替レートの影響もあったが、日本が世界有数の豊かな国になったことは確かだ。成長率がかつての九・一%(一九五六〜一九七三年度)、四・二%(一九七四〜一九九〇年度)から一%前後になったのは、むしろ当然のことだったのだろう。それは決して没落ではなく、成熟だったのだといえるのだろう。そして、いま、日本人にとって必要なのは成熟社会としての日本を見つめ、そのメリットを維持・発展させることなのだろう。

前述したように成熟社会のキーコンセプトは環境、安全、健康等だろう。そして、そのいずれの分野でも日本は世界のトップランナーであり、成熟国家、成熟社会としては世界で最も優れた国の一つなのだ。戦後七三年、日本の今後の課題は、この日本のよさをいかに維持し、また、これを世界に発信していくことではないだろうか。かつては中国に見習い、明治維新後は欧米に見習ってきた日本だが、そろそろ世界に向けて日本を見習ったらと発言してもいい時期ではないだろうか。

日本は没落したのではなく、成熟したのだということを理解し、その果実を享受し、発信していくことがいま、必要なのだろう。

榊原英資（さかきばら　えいすけ）

1941年、東京都生まれ。東京大学経済学部卒業後、大蔵省に入省。ミシガン大学で経済学博士号取得。IMF エコノミスト、ハーバード大学客員准教授、大蔵省国際金融局長、同財務官を歴任する。為替・金融制度改革に尽力し、「ミスター円」と呼ばれる。1999年退官後、慶應義塾大学教授、早稲田大学教授を経て、現在、青山学院大学特別招聘教授、財団法人インド経済研究所理事長。『国家の成熟』（新潮社）、『資本主義の終焉、その先の世界(水野和夫との共著)』、『「経済交渉」から読み解く日米戦後史の真実』（詩想社）など、経済から政治、歴史、社会論、仕事術まで幅広い著書を持つ。

詩想社
—新書—

25

「金融緩和時代」の終焉、
世界経済の大転換

2018年11月25日　第1刷発行

著　　者　榊原英資
発 行 人　金田一一美
発 行 所　株式会社 詩想社
〒151-0073　東京都渋谷区笹塚1—57—5 松吉ビル302
TEL.03-3299-7820　FAX.03-3299-7825
E-mail info@shisosha.com

D T P　株式会社 キャップス
印 刷 所　株式会社 恵友社
製 本 所　株式会社 川島製本所

ISBN978-4-908170-18-8